基于微课的大学英语教学改革研究

JIYU WEIKE DE DAXUE YINGYU JIAOXUE GAIGE YANJIU

余金燕 ◎ 著

中国纺织出版社

图书在版编目（CIP）数据

基于微课的大学英语教学改革研究 / 余金燕著. --北京 : 中国纺织出版社，2019.1
ISBN 978-7-5180-5046-8

Ⅰ. ①基… Ⅱ. ①余… Ⅲ. ①英语—教学改革—研究—高等学校 Ⅳ. ①H319.1

中国版本图书馆CIP数据核字(2018)第112058号

责任编辑：姚　君　　　　**责任印制**：储志伟

中国纺织出版社出版发行

地　　址：北京市朝阳区百子湾东里A407号楼　　**邮政编码**：100124

销售电话：010-67004422　　**传真**：010-87155801

http://www.c-textilep.com

E-mail：faxing@c-textilep.com

中国纺织出版社天猫旗舰店

官方微博http://weibo.com/2119887771

北京虎彩文化传播有限公司印刷　各地新华书店经销

2019年1月第1次印刷

开　　本：880mm×1230mm　1/32　**印张**：6

字　　数：174千字　**定价**：54.00元

前言 Preface

在教育部颁发的《大学英语课程教学要求》中指出，各高校应充分利用现代信息技术，改进以教师讲授为主的单一英语教学模式，在现代信息技术与网络技术的支持下使英语教学在一定程度上不受时间与地点的限制，实现个性化学习与自主学习。在传统课堂中，教学活动是以教师为中心展开的，知识由教师在课中传递给学生，知识消化吸收由学生独自在课后完成；而在翻转课堂中，学生成为教学活动的中心，知识的传递由课中转移到课前，并由学生自主完成，课中成为知识内化的环节。这种教学模式弥补了传统教学模式的不足，为大学英语教学改革提供了新的方向。

本书将基于微课的教学模式应用于大学英语课程教学就是对这种新型教学模式的有效尝试，为微课教学模式进一步应用于大学英语课堂提供参考。

目 录

第一篇 大学英语教学改革的方向

第一章 培养大学生自主学习的能力

第一节 目前大学英语教学中存在的问题及对策

一、存在的问题

目前在大学英语教学中存在许多影响人才培养的问题，其中最突出的有四个方面。

第一，传统的教学理念仍然占据着主导地位。2004 年，教育部颁发了新的《大学英语课程教学要求（试行）》，对全国的大学英语教学明确提出了指导方针。然而，过去传统的教学理念、教学模式和教学方法早已根深蒂固，大学英语的课堂上仍然不能完全摆脱过时的教学模式，加之新型的、适合中国大学英语教学的教学理论尚未建立起来，且硬件跟不上发展，导致难以更新教学模式和改善教学效果。

第二，教学模式单一呆板，不能体现教学的个性化和人性化。单一的大学英语教学模式使教师不能充分进行因材施教，加之教学班的学生人数过多，英语教学无法遵循科学、合理的语言教学规律，有效的课堂教学活动不能充分开展，教学内容、教学安排、教学要求和教学评估缺乏个性化，学生学习的主观能动性和创造性得不到激发，不能充分培养学生的自主学习能力和运用学习策略的能力。

基础较好的学生得不到脱颖而出的机会，教师也无暇顾及他们在应用能力方面更多的培养。

第三，应试教育仍是教学的导向。大学英语四、六级考试作为评估教学的一个重要标准，对促进大学英语教学仍然是十分必要的。但过分强调四、六级考试必然会将大学英语教学变为一切为了考试的应试教学，违背了教育的宗旨和教学目标。

第四，师资的业务水平有待进一步提高。由于近年来高校招生规模不断扩大，导致大学英语教师数量极度短缺。多数大学英语教师超负荷承担教学工作，很难挤出时间自我充实和更新知识库，专业素质和业务水平不能充分满足教学对象的需求，进而对教学质量产生负面影响。如此师资状况在当今知识爆炸的信息时代必将落伍，无法适应未来的教学工作。发表论文的等级、数量是当前高校教师晋升职称的重要衡量标准，这使得教师重科研轻教学已成为趋势，教学效果自然大打折扣。此外，教学设备普遍不能适应新型教学模式的要求，学生缺乏良好的外语学习环境和学习氛围。

二、对策

1.转变教育理念，以学生为中心

要解决目前国内大学英语教育体系中存在的诸多问题，首先要从转变教育理念入手。随着新世纪新时代的到来，社会对人才质量的要求越来越高。新形势下的教育对象、教育目标以及教育结构都发生了前所未有的变化，要求大学英语教学必须转变教育理念，更新教学运行机制和教学模式。大学英语教学是素质教育，应根据国家发展的需要和学生个性化发展的需要，建立在教学中“以学生为主体、教师为主导”的教育理念，把提高学生英语综合运用能力作为教学目标，注重学生英语语言技能的培养，推动其听、说、读、写、译等技能的全面协调发展。

人本主义的教学应重视培养其自主学习的能力，教学方法和教学模式的改革要以学生为本，加强学生自主能力和创新思维的培养，实施个性化教学，根据学生的个性差异和特点，运用全新的教学理念，采取多样化教学手段，以学生为中心、以教师为主导，多让学生参与教学，创造出和谐、愉悦的互动学习气氛，最大限度地调动学生学习的积极性，让学生在自主学习的环境氛围中活跃思维，增强学习的自主性和创新性，提高学习的有效性。

2.推行自主学习

要推行自主学习，首先要倡导培养学生的学习自主性，培养学生建立学习主体地位的意识，按照自主学习的模式和以学生为主体的原则进行学习。教学中教师以培养学生自主学习能力为目标，引导学生进行自主性和探索性学习，学会学习。这一点与教育部《大学英语课程教学要求》所规定的教学理念和教学原则相一致。

其次是培养学生的自主学习能力。在传统的教学中强调一种接受式的学习法则，而现在是提倡能够进行自主选择学习材料和学习方式的学习，但是这不是否定接受式的传统的学习方法。自主学习只是在倡导学生学会自主学习的方式，更新并发挥传统教学方法和学习方法的优势进行教学和学习。

学生不仅在个体因素、个性特点方面差异较大，在他们的学习能力、学习方法和学习策略方面，都存在着较大差异。传统的课堂教学不能开发并发挥学生个性化的学习潜能、满足他们个性化的学习需求。自主学习可以使学生在大学相对宽松自由的学习氛围中进行个性化学习，从根本上消除学习的被动因素和被动局面。新型的大学英语教学模式应当为学生创造充分的自主学习空间，以满足学生个性化的学习需求，培养他们终身自主学习的能力，以具备更强的生存能力。

3.引导学生自主建构语言知识

建构主义学习理论的内容和观点丰富完善，但是其核心思想却非常简单，即把学生作为教学的中心和学习的主体，强调学生在学习中的主观能动性作用，提倡学生运用主动探索和能动发现的方法主动建构知识。建构主义学习理论有助于深化教学改革，因此，我们在实际教学中把学生当作学习的中心，强调学生的“学”。

由于建构主义学习理论对学习者个体的认知发展和学习的过程有深入的研究，因此，将建构主义学习理论运用于教学中，教师能够很好地了解和发现学生在学习过程中的认知规律，向学生展现他们的学习发生的过程和效果的产生，让学生明白他们如何建构知识的意义，如何通过认知过程对输入的信息进行处理和加工、编码和解码以及存储后，对知识形成相关的概念等。

运用建构主义学习理论的基本内容，我们可以从学习的含义和学习的方法两方面来帮助学生对知识及其结构进行意义建构。建构主义学习理论认为，教师在课堂上的传授不是学生获得知识的主要途径。学生获得知识的途径是多元的，包括学生自己的学习行为、自己所处社会文化环境的影响、其他人的帮助以及学习资料等的结合，进行有意识的建构而获得。

教师可以运用建构主义学习理论的四个要素（即语言情境、合作学习、会话交流和意义建构等），在大学英语教学中创设一些不同的语言文化情境，通过教师与学生、学生与学生们之间的互相帮助和互动，通过他们之间进行协作的活动来具体实现学生语言知识的建构过程。

创设情境，是指教师在课内外根据语言学习材料为学生设置一些较为真实的语言学习语境，置身于这样真实的语境中有助于学生理解所学的语言材料，也易于学生对于新的语言知识自主进行意义建构。因此，合适地道的语言情境的创设对教学设计提出了新的要求。建构主义的学习环境要求语言学习的教学设计既要考虑到教学目标是否适合学习主体的实际水平以便经过努力就能达到，还要充分考虑创设较为真实的语境帮助学生对所学语言知识进行意义建构。因此，语言情境的创设既是教学设计中最为重要的一部分，也对学生的学习效果产生较大的影响。

学生之间的合作学习其实是贯穿于学生的整个学习过程的。在语言学习中的合作主要是针对于对各类型语言资料的搜集与协助分析、基于学习材料的问题的提出与协作讨论和解决、协作评估和反思学习效果等，这些因素对于学生知识的最终建构具有重要的影响和作用。

会话训练与实践是语言学习中必不可少的语言知识的建构环节。合作学习中的所有为完成学习任务而进行的工作，如学习方案的制定、学习策略的使用、学习材料的选择、学习效果的评估等都是通过这个环节进行和完成的。每个学习者的思维和知识最后都能够成为整个学习小组成员进行共享的资源。这也是会话训练与实践所需要达到的意义建构的意义所在。

根据建构主义的知识观，知识不是对于现实的最为纯粹的客观反映，因此，学生一般是基于自己已有经验的背景来建构对于知识的真正的理解。学习的最终目标是学生在其整个学习过程中能够成功对所学的知识自行进行意义建构后存储于长时记忆库中以备以后的使用和更多的知识积累，所要建构的知识的意义是其对所学知识及其内涵意义所达到的较为深刻的理解。这种理解会以“图式”的形式长期存储在大脑中，有些与已有知识融合形成新的知识，这也是学生对当前所学的内容进行的认知建构。

对任何知识的学习都是学习者自主构建知识意义的过程。因此，在学习中，学生获得的知识的多少部分取决于他们的记忆能力和背诵课堂所学的内容的能力，但多数取决于他们是否能够以自己已有的知识经验为基础去建构一种有关新的知识意义的能力，学习者对新信息重新进行认知和编码，在自己现有认知积累的基础上建构自己对新知识的理解，从而获得学习知识的意义。以此为基础，建构主义的学习观认为学习的过程实际上是由学生自己来进行建构知识的过程，而不是只由教师把知识简单地移交给学生。建构主义认为，任何年龄、任何背景的学习者在进行学习前都有自己已存的相关知识和经验，因此，对所学知识都会有各自不同的见解。即使是对于新的知识，他们也会依照自己已有的知识和经验来解决问题。在学习过程中，他们的新知识与旧经验相结合，形成自己的新见解；或已有经验在新知识的影响下进行一种调整、改变或更新，从而形成新的认识和认知。

毫无疑问，在学生对知识进行意义建构的过程中，教师的角色和作用至关重要。建构主义理论主张教师应该充当学生进行知识学习意义建构的帮助者和促进者，而不是主要扮演知识的传授者和灌输者的角色。教师的职责是创设一种支持性的学习环境和氛围，保持学习活动和学习内容的有效进行，对学生提供个性化的认知策略的指导，引导积极的反馈，重视教学中情感作用对学习目标的实现的意义，逐步减少外部控制，促进学生进行自主性学习。学生在教师的指导帮助下掌握建构主义的学习方法，进行知识的意义建构。

在课堂教学中，教师主要的教学任务是尽可能多地帮助学生掌握获取新知识的方法，引导学生学会对新输入的知识信息的认知、加工和处理，学会基于已有知识对新的知识信息进行意义建构，从而获取新的知识意义。在进行自主性学习的过程中，学生是信息加工的主体，也是知识意义的建构者。他们需要主动搜集和分析新的信息与资料，用探索的方法和发现的方法来进行知识意义的建构，使其在学习中的主体作用得以有效发挥。学生都有巨大的发展潜力，在学习中学生具有主体性，特别是具有创造性，学生是自己学习的责权主体，对自己的学习有相当的自主权利和义务。

总之，要运用建构主义学习理论帮助学生建构语言知识，教师应明确师生角色的定位以及二者的关系，教学中需要达到并保持和谐、民主的师生关系，师生双方需要相互尊重。教师是知识的传播者、学习的组织者和指导者；学生是学习活动的中心和主体、教学的活动主动参与者以及自我知识体系积极的建构者。学生知识建构的过程离不开教师的支持和引导作用。教师要为学生创设良好的学习氛围，针对不同的学生运用不同的教学策略调动学生的主观能动性，激发他们的学习动机和学习兴趣，帮助他们形成并采用自己的学习风格和学习策略，形成自己理解知识和建构知识的个性化方法和模式。在教学设计中，创设能够发挥学生个性化学习特点的语言文化情境，引导他们学会基于自己已有的知识积累，以探索的方法和发现的方法，学会独立思考和联想，善于把已存知识经验和新的知识信息结合起来进行知识意义的建构，善于和同学协作建构并分享知识的意义，从而能够在复杂多样的情境中建构知识，完成学习任务。

第二节 大学生自主学习的特征及其重要性分析

一、大学生自主学习的特征

自主学习的教学模式和学习模式已经越来越多地被运用。随着教育部对自主学习的倡导，“自主学习”在对于传统课堂形成挑战的同时，也对传统课堂上教师的角色和作用进行了颠覆性的改变，除此之外，霍勒克（Holec）将完成自主学习的任务完全地交给了学生，是对学生决策能力表现的极大的信任。从他们的观点出发，我们不难看出，自主学习交给了学生很大的自由，但是能否成功则取决于学生的自觉性以及学生的决策能力。

利特尔伍德（Littlewood）（1997）对自主学习的界定是“学习者不依靠教师而能使用所学知识的能力”。这样的定义，一方面使得自主学习的概念并没有完全的“西方文化价值”色彩，因为在任何一种文化环境中，教师都不能陪伴学生一辈子，学生总是要独立自主依靠自己的能力的；另一方面，这个定义也揭示出学生的自主学习和教师角色的关系。学生要实现自主学习，对于教师角色的认识是肯定要有一些变化的。笔者更加认同 Littlewood 对于自主学习的定义，Littlewood 对自主学习的解释更适合大学生学习者，他们对自己的学习有一定的自主决策能力，应该能对自己的学习负责，即有效开展自主学习。

自 2004 年我们进行大学英语自主学习试行以来，大学生对“自主学习”都有了一些概念，但是大部分学生停留在了学习计划、自学自己想得到的知识以及自我监督等方面。对于学习策略和学习评价方面，学生们仍缺乏足够的信心，所以只有一部分学生在这方面有自己的想法。

经过几年的自主学习训练，学生对于教师在课堂中的作用有了不同的看法。学生对于教师角色的否认可以看作是他们要求自主性学习的一种体现。从学生对教师角色的否认可以定位自主学习的某些特征。

（1）学生对于自己的学习有责任心。他们不再需要教师监督他们学习，这就意味着，学生完全有意愿对于自己的学习负责，不再希望老师监督，他们都是成年人，该做的事情会自己做。

（2）学生不再需要教师详细讲解课本内容和布置作业，他们需要自主决定学习内容。学生们对于课本内容有些会很明白哪些是重点、哪些是难点，哪些会，哪些不会。不会的可以向老师求解，会的就不需要再让老师苦口婆心地讲解。并且，学生也显示出在学习中并不满足于课本本身的内容；不赞成老师再布置作业，是对传统教师角色的一种挑战。在传统教育中，布置作业和批改作业对于教师来说是职责所在，而现在却把这一职责转嫁给学生，更加体现了学生对于自己的学习的要求。“决定学习内容”的责任现在也转给学生，由此也可体现出是开始自主学习的特征。

（3）学生需要选择学习方法和技巧。学生对于教师的角色的认识从之前的上课、批改作业到现在的教授学生学习方法，不得不说是一个很大的改变，由之前的教师对于学生完全负责转变到学生现在自己负责。学生希望教师能够传授学习方法可作为学生渴望学习自主的一种表现。掌握了学习方法可以更好地学习知识，不仅有课内的要求，也有一些课外的内容。

（4）学生需要评估学习效果。以前学生需要教师了解自己的弱点并加以纠正，现在很多学生认为这并不是一个重要方面，如果老师不评估学生的学习效果，那么也就只能由学生自己评估了。现在的学习成绩反馈系统都做得很出色，除了正常的成绩，还可以提供一些意见，比如，班级排名、年级排名。每个题目具体的得分情况，以及最高分、平均分等一系列的信息，可以辅助学生对自己的学习进行评估。

（5）学生需要发挥学习积极性。在自主学习中教师的重要作用就是“调动学生的学习兴趣和积极性”。也就是说，教师一旦引导和调动起学生的学习兴趣，学生的学习积极性就会增强。自主学习的方法凸显了学生在学习和教学中的主体地位，学习任务需要由学生自己来完成，学习计划需要学生自己来制订，这一切都是由学生对学习的兴趣和积极的学习动机作为保证，因此，调动学生的主观能动性就显得尤为重要。

经过实践，学生展现出具体的自主学习的特征：

（1）学习方式的开放性。自主学习是学生自己开展学习，这种方式由于学习主体的动态随意性使得学习的时间、地点、教材等都不会受到影响。相反，自主学习会受到学生本身安排的学习内容、计划和目标的影响而会有所变动。在整个过程中，学生自主对自己的学习进行反馈和评价。学习更加自由和开放。

（2）学习方法的创造性。自主学习是学生根据自身需要，弥补或加强自身学习能力以及知识内容所采取的自发学习行为。是为了让知识更好地应用于实践，完成知识的再创造。在这个过程当中会遇到一些问题，但是学生可以先从自己的理解和掌握程度出发，创造性地解决一些问题，与此同时，对知识本身也会有一些创造性的应用。

二、培养自主学习的重要性

1.为什么培养自主学习的能力

社会的发展自然对人才提出了更高的要求，在国际新形势下，人才的标准应该是多元化的，身上所具备的能力也会更多，自主学习作为一种新的教学模式，在培养学生能力方面有着独特的功能，究其重要性主要有以下几点：

（1）培养学生自主学习的能力既是教育发展的需要，也是社会发展的需要。现代教育理念强调学生的积极主动的发挥和自我调节作用，大学的管理更加自由、松散，大学生自由性也很强，具有更大的自主性。鉴于目前的现状，高中的教学模式依然为传统的教师主导，因此导致很多学生从高中毕业了后，进入大学都会有很多不适应的地方，所以，为了让学生们尽快适应大学生活，培养自主学习的能力就显得很重要。

（2）培养大学生自主学习有利于提高教师素质，提升教师队伍整体实力，进而提高教育质量。虽然自主学习的主体是学生本身，但是，自主学习会使得学生自己多思考，思维更加活跃，以及学习目标明确，学生自己在探索知识的同时会遇到更多的问题和难点，这个时候，老师就是一个信息资源的提供者，帮助学生去解答他们的问题，指导他们学习。由于是学生自己找到的一些问题，那么这个时候老师就会面临这样一种情况：这个老师或许有这一方面的储备或者没有。于是，在自主学习的背景下，教师必须有大量的知识储备，以此才能使教师更好地帮助学生。此外，学生们的个性不尽相同，教师的指导方法也应该有所区别，在这一点上，对于教师的实际经验就提出了要求，这样教师才可以实际地指导学生去完成一些学习任务。所以，自主学习并不是对教师完全没有要求，而是对教师提出了更高的要求。

（3）自主学习有利于培养学生的创造性。由于不同学生认知水平参差不齐，教师可多组织一些活动，让学生自己互相交流，这样有利于学生之间进行发散性思维训练，从而可以帮助学生们进行思想交流和观点共享，有了多角度的思想和发散性的思维，将会更加有利于培养学生的创造力。

（4）自主学习有利于促进教育资源的合理分配。自主学习的主体是学生本身，在自主学习的大环境下其实更加促进了学生的发散思维，学生对于不同知识的认识水平也会有所不同，那么教育资源就可以根据学生的认知水平来进行分配，满足不同学生的需要，促进教育资源的最大化利用。此外，在自主学习的背景之下，学生之间还可以进行交流，交换思想，在学生之间的互相帮助下，可以有效使用已有的教育资源，促进教育资源的合理分配和最大化利用。

（5）自主学习有利于培养学生的终身学习能力。自主学习是为了让学生能够为自己的兴趣和学习目标进行主动学习的一种能力。学生迟早会离开学校，那么以后在他们的工作学习生活中，遇到不明白的问题或者有新的技术需要学习的时候，学生们学起来就更加容易些，因为在校的时候就已经具备了自己解决问题的能力，所以对于生活的新要求就比较容易解决。

2.自主学习在语言学习中的效果和重要性

（1）如果没有学生的主动参与，不论教师用何种方式来进行教学都不能使学习变得主动。教师可以主动地教，但学生不一定会主动地学。

（2）自主学习是一种途径和方法，用来解决学生对更多知识的需求与教师知识储备不足之间的矛盾。这种情况在中国尤为现实。

近年来，高等学校学生规模不断扩招，导致生师比率激增，由于教师与学生实际交流时间有限，造成教师不能直接关注和帮助每一个学习上有需求的学生。

（3）自主学习方式特别适于终身学习。自主学习能够使语言学习者更好地独立思考和合理判断，就像麦加里（McGarry）所说的那样，“教师应该鼓励学生对自己的学习负责任，同时又需要规定好他们的学习内容、学习方式以及学习时间，这样他们更有可能树立现实的学习目标，规划学习步骤，为处理学习中遇到的新的以及不可预见的情况提供良好的对策，评估和分析他们自己的学习活动，学会怎样从成功中吸取经验，从失败中得到教训，从而使以后的学习效率更高、学习效果更好。”研究表明，自主学习者具有良好的学习主动性，他们不仅在上学期间可以有效地进行学习，而且在课外也能使学习效率大大提高。因此，自主学习对于语言学习者有着深刻而长远的影响。

（4）自主学习可以为语言学生提供学习动力，进而使学习效果和学习效率持续提高。众所周知，在传统的语言教学中，教师安排并控制所有的教学活动，学生只是扮演听众的角色。他们无须开动脑筋去思考，无须消化吸收教学内容，无须对学习内容进行提问。他们对授课内容只有全面接收。他们没有权利为自己的语言学习负责。而进行自主学习后，学习情况却大大不同。自主学习可以让学生拥有对自己学习负责任的权利。他们成了自己学习活动的主人。因此，每个人都有可能摒弃被动的学习状态，变得积极主动充满活力，他们不再过分地依赖教师。在这种环境下，他们自然而然地要为自己的学习负责任，那么他们的语言学习就会变得颇有成效。

（5）自主学习不受时间地点的限制，在学习方式和学习策略上适应各类不同水平的学生，满足他们在学习过程中个性化的需求。它允许学生选择适合自己的学习资料，在学习上既提倡个性学习又鼓励合作精神。每一个自主学习的学生都有能力做出相对满意和适合自己特点的学习策略，积极融入课堂活动中去指导自身学习。

3.自主学习能力的培养途径分析

在实际教学中，有许多基于教学实践的自主学习能力培养途径。第一，教师要引导学生树立自主学习的观念。由于自主学习是一种新形式的教学模式，所以，不管是教师本身还是学生都需要转变一下观念，共同认识自主学习，这样才能互相配合。第二，教师需要积极转变自己的角色。自主学习首先是对教师能力的挑战，与此同时，教师的身份也会有变化，在自主学习条件下，教师的课堂课后监督的作用不断下降，取而代之的是教师的资源提供者的作用日益增强，这二者本身是没有联系的，所以，教师在此过程中也需要积极的态度来探索和接受这种新的身份。第三，教师在课堂上善于引导学生展开积极的思考。以往“填鸭式”的教育在课堂上，学生的思想很被动，对于很多问题没有自己的看法，也缺乏想象力，在新的教学模式下，学生要适应自己思考，自己去想自己的学习，所以，在这个时候教师需要积极地让学生去思考。第四，创造条件，让学生有更多的时间和空间去自由地学习。自主学习本身就是一件开放性的事情，有着开放的时间和空间，所以，多给学生创造机会和条件，潜移默化地增强他们对于自主学习的认识。

自主学习作为一种新型的教学模式在我国文化大背景下有一定的新鲜感，但是教师必须明白自主学习作为一种对教学改革的探索和措施，其重要性是不言而喻的，所以，在自主学习开始应用到学生身上之前，每一位教师应首先树立起自主学习的意识，转变观念，引导学生，从而更好地为学生的自主学习能力的培养起到积极的作用。

现代科技的飞速发展和国际交流与合作的日益频繁，对我国的人才培养提出了更高更新的要求。我国在2010年公布的《国家中长期教育改革和发展规划纲要（2010—2020年）》（以下简称纲要）中，不仅确定了未来十年我国教育改革和发展的战略目标和任务，同时还具体指出：要全面提高我国的教育质量和教育的现代化和国际化水平，培养大批具有国际视野，通晓国际规则，能够参与国际事务与国际竞争的国际化人才。所谓国际化人才，“不仅要懂得国际事务，而且要掌握外语。”在我国目前的情况下，“对大多数人来说主要是掌握英语。”因此，“培养国际化人才的重要内容是提高大学生的英语水平”。那么，如何有效地提高大学生的英语水平呢？“自主学习”作为一种先进的教学理念，自20世纪80年代以来日益受到各国语言学界和教育界的普遍关注。在教学中培养学生的自主学习能力是现实的需要，因此，必将成为我国大学英语教育教学的重要目标。

根据邦德（Bound）的理论，自主学习作为一种学习方法，其最重要的特点是学生能够掌控安排自己的学习，并能积极反馈教学效果。有自主学习能力的学生能够自主设定学习目标和学习内容、安排实践机会，评估所取得的进展。我们期望学生在学习过程中采用这种自主方式。

自主性被认为在哲学、教育学以及实践上都是可取的方法。自主性背后的哲学定理是学生根据自身情况有权利对学习活动的内容、方式等进行选择。而且有作家也已经指出了学生为适应将来变化早作准备的重要性，在学习上的独立自主对发挥积极的社会作用产生至关重要的影响。帮助学生在学习上变得更加独立是扩大他们人生选择的一种途径。因此，推动自主学习已在教育领域被普遍接受和认可。

Littlejohn （1985）认为，更加自主的学习活动会使学习过程变得更富有激情。推动自主学习有利于教学效果的充分发挥和展示，因为从学生的学习进度、学习顺序、自我指导模式以及学习内容来看，自主学习的学习内容更加丰富、学习效率更高。当学习者们针对自身的学习规划做出主动的选择时，他们会对自己的学习感觉到比较踏实。

此外，推动自主学习可以解决由于教师数量不足而不能满足所有学生需求的问题。多数情况下，学生无须再花费很多时间去等待老师解决问题，这就使得他们在学习上会变得更加主动、使学习更加有效。

自主学习的优势和重要性远远不止上面所提到的。本森 Benson （1997）指出，“语言教学的一个目标就是自主性程度更高，而且从某种意义上讲，自主学习等同于有效学习。”由于自主学习在语言学习和语言教学方面产生如此深远的影响，那么，对于语言自主学习以及相关知识的研究就显得非常重要。

第三节 在大学英语教学中培养学生自主学习能力的必要性

一、我国大学英语教学现状

为顺应时代的潮流，满足国家建设和发展的需要，我国教育部2001 年正式启动了“高等学校教学质量和教学改革工程”。大学英语教学改革被列为重点改革项目之一。迄今为止，大学英语教学改革已经取得了显著的成果，如《大学英语课程教学要求》（以下简称《课程要求》）的颁布、立体化教材的成功开发、教学试点及相关扩展项目的实施、教学评估的改革等。这些成果促使大学英语教学在教学理念、教学内容、教学评估和教学手段等方面发生巨大变化，切实提高了大学英语教学质量。首先，在《课程要求》的指导下，大学英语已经发展成为一个相对独立的教学体系，教学理念不断更新；其次，教学内容更加丰富。除了语言知识之外，增加了语言应用技能、学习策略、跨文化交际等教学内容；再次，教学手段更加先进。随着现代技术的快速发展，多媒体以及网络等先进技术已经被应用于大学英语教学中；最后，教学评估更加科学化。学校可采用《课程要求》评估原则、地区联考、国家统考等各种灵活多变的方式进行评估。

以上变化确实使大学英语教学得到了改观，但是目前我国大学英语教学中依然存在许多值得关注的问题。

从整体上看，学生在英语学习上所花的时间与学习效果不成正比。此外，教学投入与教学效果产出不成正比。学生的口语技能和书面语表达能力不够理想。

从教学体系等方面看，大学英语教学体系和课程设置不够科学合理，还不能完全满足学生的实际需求。整个教学活动在某种程度上未能很好地调动起学生的学习积极性。由此可以看出，我国目前的大学英语教学以及大学生的英语能力与国际化的要求还有很大的差距。“费时低效、高分低能、聋哑英语”等问题依然普遍。针对这些问题，只有教师转变角色，努力提高学生的英语自主学习能力，才能符合国家建设的需要，更好地迎接新世纪的挑战。

二、培养大学英语自主学习能力的必要性

“自主学习”的教学理念源自于西方，体现了西方文化的价值观念。因此，在20世纪90年代，随着自主教学模式的推广，自主学习在跨文化交际中的适应性（appropriacy）成为语言教育学界关注的一个热点话题。克罗科尔 Crookall （1995）认为，在中国不适合提倡自主学习，因为自主学习所倡导的学习者自主理论与东方文化中尊师重教，以教师为权威的权威化教育相抵触。约翰逊 Johnson （1995）在研究中发现，东方学生在课堂教学中总是处于被动地位，这与自主学习所强调的主动性背道而驰。通过问卷调查发现，亚洲学生与西方学生自主的意识并无差别。戚宏波（2004）关于中、西方外语学习者自主意识对比的调查也进一步证实了这一点。显而易见，自主学习在中国文化背景下是可行的，也是必要的。因此，在大学英语教学中培养学生的英语自主学习能力也是可行的和必要的。

首先，培养学生的英语自主学习能力是现代社会发展和教育发展的需要。进入21世纪，我们迈入了信息化时代，知识和信息不仅总量与日俱增，而且更新速度也不断加快。作为新世纪的大学生，仅凭学校教育已无法满足现代社会发展的需要。未来社会将是一个学习型的社会，要求人们不断学习和更新知识，以提高自我生存能力和生存质量。因此，素质教育和终身教育已经成为现代教育的重要目标。我国未来十年教育发展的战略目标中也涵盖了到2020年基本形成学习型社会，构建体系完备的终身教育等内容。这就要求我们必须打破传统教育的桎梏，将提高现代大学生的综合素质和培养其终身学习能力放在首要的位置。为实现这些目标，在大学英语教学中，除了基本语言知识和技能的传授之外，学生自主学习能力的培养更加重要。目前，培养学生的自主学习能力已经列为我国高校

大学英语教学的重要目标。教师要在教学过程中通过培养学生的学习自主性和学习策略指导，使其具有管理和控制自己学习的能力。

其次，现代语言教学理论和语言学习规律也要求学生应具有自主学习的能力。自主学习理论是在认知心理学、人本主义心理学、建构主义学习理论等基础上发展而来的一种新的教学理念。认知心理学将学习视为信息加工、知识建构的过程。在学习过程中，学生主动地通过其他认知技能控制其认知过程，选择有关信息并通过自己已有的知识对它进行解释（郑敏，2000）。认知心理学派的代表之一加涅（Gagne，1980）认为：从最普遍的意义上说，教学主要激发并恰当利用学生已有的知识和能力，使其具备更强的学习能力。只有语言学习者积极主动参与到语言学习过程中来，才能达到学会语言的目的。因此，自主学习能力是决定外语学习者学习外语成败的关键因素，是大学英语自主学习现状的要求。随着自主学习理论的推广，我国许多高校开始尝试自主性的教学模式。但是，一些学者通过对我国非大学英语大学生英语自主学习能力的调查发现：目前学生的自主学习情况不容乐观。王笃勤（2002）通过问卷调查了非大学英语一、二年级学生的英语自主学习情况，结果发现学生的自主学习能力亟待提高。具体表现在：学习缺乏计划性；学习评估不够；课堂利用率较低；英语运用能力欠缺等。同时问卷也显示，学生对自己的期望很高，超过半数以上想成为成功的语言自主学习者。徐锦芬（2004）采用定量、定性方法调查了非大学英语二年级学生的自主性英语学习能力，分析后也发现，我国大学生的英语自主学习水平普遍偏低。具体而言，学生学习目标不够明确，不能很好地规划学习时间，不能有效地使用和监控学习策略，很少与他人合作等。调查中还发现，在学习过程中，学生经常能意识到自己的错误并加以改正。以上的调查结果充分说明，学生已经具备了一定的自主学习意识，但总体上的自主学习能力较差，学习的效果也不尽如人意。因此，在英语课堂上有必要培养和提高学生的自主学习能力与学习水平。

此外，人本主义学习理论为自主学习提供了理论支持。学习者知识结构的差异性以及学习动机的不同也要求以人为本的个性化的教学和学习能够有效实施。人本主义学习理论以培养学习者自主性为教育目标，在学习过程中强调学习者的主体地位，重视学习者潜能的开发和主观能动性的发挥，主张自主、自觉地学习，教学应重在促进意义学习和促进人格的充分发展。如果学习者能够遵循语言学习规律，坚信“语言是学会的，不是教会的”，必然会促进他们学习的自主性。

时代的进步、国家的发展给大学生提供了很多机会，也带来了诸多挑战。只有具备较强的自主学习能力，才能更好地适应“国际型”社会的种种变化。随着国际化人才需求的出现，在大学英语教学中培养学生的英语自主学习能力不仅是现代外语教育的目标，也是个人发展的有力保证。因此，构建自主性的教学模式必将成为今后我国外语教学改革的重要方向。

第四节 学习自主性的培养

一、学习自主性的培养与自主学习的可行性分析

Holec 认为，获得自主学习的能力的途径和方法很多，但其中最为重要的是必须通过自然的方式或正规的学习方式获得。他还指出，

自主学习的能力可以在语言学习过程中获得，还可以通过普通和自然的方式、通过有组织和细致计划的途径获得。

在语言学习中有两个要点需要强调，即学生的学习能力和学习意愿。意愿来自于学生掌控自己语言学习的动机。正如 LittleWood 所说“自主学习者……对学习的目的、内容和学习进程持积极的态度”。在自主学习中，学生的能力被定义为是他们对自己的学习做出合理决定的一种能力。为了获得这个能力，他们需要有意识地知道认知知识的四个重要方面，即作为学习者对自己、对学习背景、对具体的学习内容和学习进程的知识与了解。作为一个语言学习者对自己的了解、对所学内容的知识与了解被定义为具有学习的敏感性，它涉及所学语言的技能、体系、社会、文化等方面，以及其他与语言本身相关的各类因素，这种敏感性包括学习的风格与喜好、学习习惯、学习方式、学习态度、学习动机，以及其他与学习者相关的一些因素。

关于学习自主性的另一个关键问题是自主性的程度，它随着学习任务和情况的不同而变化。对这一点的认识能够促使教师正确看待学生自主性的培养，从而相应采用有效的教学方法和教学材料。

没有进行过自主学习的学生在初次接触自主学习时，他们可能会对自主学习的学习效果及其可行性产生怀疑。起初当自主学习没有得到充分的认可时，许多学者把相似于自主学习的不同概念混淆起来。而这些概念当时就被视为自主学习这一概念。然而，对那些与自主学习及其相似的概念进行透彻的分析和检测后，结果不是不理想，而是对人们的理解和实施自主学习是有害的。

对于语言学习者来说，自主学习是系统性的学习过程，是每一个个体学习者怎样去有效地进行学习而不是学什么，它与我们所熟知的“独立的”概念不同。“自主性”的核心概念是能力，换句话说，是知道怎样去自行安排自己的学习；而“独立性”在自主学习中主要指单独学习的行为。因此，“独立性”可以被看作是自主学习的一个方面，自主学习包含独立学习。另外，自主学习有很多同义词，其中一个就是自主，但是自主行为涉及学习指的是在个人单独的学习条件下，与个人自主行为相似。曾经预言的学者们和指导家们以自主概念为基础进行了一项语言学习的实验，结果令人不满意，因为语言学专家和指导者没有指导语言学习者怎样去进行自学而仅仅让他们自己看一些学习资料。他们自己的观点告诉他们这就是怎样变得自主的途径。除非语言学习者之前已经掌握并形成了一定程度的自主能力，要不然他们在语言学习中是不会成功的。在这种情况下，学习者利用自主学习这一方法去学习语言就好比是没有蓝图却去盖摩天大楼一样。

Holec （1981）认为，自主学习是一种能力而不是某些在给定情况下的行为。这种能力促使学习者更加有激情、更富有热情地进行学习，更重要的是使学习者掌握一定知识去独立地、科学地、有效地去学习。自主学习不是学习者用于某一特定学科的策略，而是对学习领域的类型、方法的适用以及怎样掌握的一种完全深刻的理解。因此，自主学习针对学习者的终身学习是一个相当有益的学习方法。

为了发展和提高语言学习的自主学习能力，介入是很有必要的。介入是指自主学习过程中教师的参与。这被称为学会学习，或者是训练学习者具备学习自主性的训练。学习者的训练是达到自主学习目标的可行性方案。

普遍认为，学习效率较高的语言学习者一般都具有高度的自主学习能力，他们能够掌握和操控自己的学习（包括学习动机和学习行为、学习策略、学习目标、学习材料等）。然而，不是所有的学习者都有自主学习的能力，尽管人类天生就具备自我操控和可能进行自主学习的能力。因此，教师必须给他们提供机会去实践各种学习技巧和学习策略，这些会对他们开始进行自主学习起引导作用。

与一般的语言学习和语言教学不同，学习自主性的培养是教会学习者怎样去学习即进行有效学习的方法而不是学习什么。按照 Ellis 和 Sinclair（1989）的定义，学习自主性培养的目标是帮助学习者考虑影响他们学习的因素，发现最适合他们自身特点的学习方法和学习策略，使学习者的自主学习效果更好、效率更高，学习者在学习中更加独立自主，从而使他们能够更加有效地学习，对自己的学习更加负责。因此，学习自主性培养的目的是给学习者提供可以供他们自己选择的各种学习方法，他们根据这些方法来决定自己自主学习的时间、地点、内容、方法、目的等。更为重要的是，进行自主学习可以让学习者自己决定该怎样学习。它不仅使学习者变得更具自主性，而且让他们尤其注重对社会背景知识的学习。语言学习总是在一个特定的社会环境下进行，这种社会环境一边是全球的语言学体系，另一边是某一课堂。语言课堂教学最大的特点是互动（Breen，1986），这种互动包括师生互动和生生互动。由于宏观的社会环境和社会条件的制约，我们还要开始理解更多的关于课堂语境是怎样被制约的、课堂上的互动是如何进行的以及社会语境中的宏观因素等，因为如果没有一个对更宽阔社会语境和社会语境中各种限制的认识，学生们就不能设定有意义的学习目标和选择个性化的学习策略与学习内容。

根据埃利斯 Ellis 和辛克莱 Sinclair （1989）的观点，通过进行学习自主性的培养，学习者就会具备选择他们自己学习目标的能力，这一点可以从他们对于自身作为一名学习者的态度上和自己的学习爱好上反映出来。而且，他们可以获得更多的机会来实践教师交给他们新的学习方法和技巧。

另外，学习自主性的培养还能促进学习者第二语言学习的学习动机，并通过鼓励他们在学习活动中更积极主动、更投入地进行自主学习，来帮助他们保持最初的学习动机。学习自主性的培养能够使每一个学生具有更强的自主性，更强的学习自主性能够提升学生的学习动机，可使有学习动机但学习效率低的学生学习效率提高。

学习自主性的培养“其目标是帮助学习者考虑并重视影响他们学习的各种因素，找到最适合自己特点和学习环境的学习策略，从而使学习效果更好，并使学习者能够承担对自己学习的责任。”关于如何进行学习自主性的培养，许多学者都有各自的见解。根据 Ellis 和 Sinclair （ Sinclair，1988）的见解，最适用于学生学习自主性的培养的方法是“教师指导与学生自主学习相结合”的方法。这种方法是“教师在学生总结出最适合自己的学习策略之前，通过给予他们支持、建议、信息和做出反映的机会对学生进行干预”，这对于许多教学环境和不同年龄的学习者来说是其入门学习的一个恰当、明智的选择。由于这种方法能够使学习者学习的独立性变得越来越强，因此，学习者的压力感会比较少。同样地，这种方法也可以鼓励教师在帮助学生成为更加有能力的语言学习者的时候，充当对学生有益的辅助者和有效的顾问。在此种情况下，这个方法适用于对学生自主性的培养。

众多学者在研究语言学习的方法时，通过把影响第二语言学习的诸多变量结合起来，提出了“学习策略”的概念。他们普遍认为，学生在学习外语时可以采用三种学习策略，即“认知策略”“元认知策略”和“社会情感策略”。

在学习语言的活动中，主要内容为重复、利用资源、利用肢体语言、翻译、归类、记笔记、演绎、重新组织、利用语境、利用关键词、迁移、推论和精加工等（O'Malley & Chamot，1990）；“元认知策略”包含所有与学习相关的内容，如规划学习内容、设定学习目标、自我评估方式和对学习进程的监控，以及评价学习活动、开发学习资源等。（Sinclair， 2000a：140）“认知策略”是“在学习和解决问题过程中所使用的步骤或操作工序，它要求对学习材料进行直接的分析、转换或综合”（Rubin，1987：25），是大脑对所有输入的信息进行处理加工的过程。社会情感策略是“学习者与其他学习者和本族语使用者交流时采用的方法”，也指在为完成学习任务或交流时所做的自我调整。具体内容包括合作学习、文化背景知识的学习、学习方法调整、学习情绪控制等，它为学习者提供更多接触和实践所学第二语言的机会。

很显然，元认知知识和策略的这几个方面对于学习者大幅度提高学习效率、对自己学习负责、使学习更加独立有着至关重要的作用，这也同语言教学的目标相一致，因此，教师有责任帮助学生培养发展这几方面的能力。

1.学习策略的培养

特里姆 J. L. M. Trim （2000）是国际应用语言学协会的往届副总统和名誉委员，他认为外语教师有责任训练学习者们需要的学习策略，以便于他们在不断变换的世界中，应对生活的各种挑战，继续进行语言学习。Weden 也认为学习策略是学习者自主性的关键和先决条件。换句话说，学习者只有在掌握并运用了有利于提高学习效率所必需的学习策略之后，才可以自主掌握自己的学习。另外，要达到这个目标，教师就必须帮助学生们了解什么是学习策略和学习策略对培养学生自主学习的重要性。因此，教师要掌握所有学习策略以便给学生一个明确的介绍和适宜的指导。首先，教师要给学生们介绍那些他们自认为重要和有效的学习策略，然后建议他们去选择和实践那些他们认为适合的策略。其次，教师要有规律地检查学生们在运用何种策略进行学习，以及他们的进展情况如何。如果学生们通过自己的选择并没有取得令人满意的进步，教师就应和他们交流，然后把他们带离误区，如果这些误区阻碍了他们的学习，或者挫伤了他们的自主性，就帮助他们修改和重建他们的认知知识。通过这些训练和纠错，学生将获得最适合他们自己的学习策略。最后也是最重要的一点，教师应该用范例来展示学习策略是怎样被最有效地用于解决问题的。例如，教师可以运用理性和推论，说明一个常用词的扩展意义是怎样通过上下文的语境得出来的。在口语课上，教师将把学生的注意力引到那些人们在真实交流中所表达的意义上来，而不仅仅是表达他们自己或他们所使用的语言。在教师范例的引导下，当先前的策略没有成果时，学生们将会逐步地建立他们独特的学习风格和让他们自身适应更有效的策略。

在英语学习过程中几乎每个学生都在有意识或无意识地用他喜欢的学习策略。学习策略被确认为提升语言学习的关键（Weden，1985）。牛津认为，学习策略是学习者为了使学习新领域变得更简单、更快、更有趣、更自我、更灵活而采取的特别的方法。广泛运用的分类学习方法是奥马利和查莫特（O'Malley & Chamot）的由三个部分构成的三步学习策略。该学习策略有三个组成部分，每组有一个子策略。元认知策略分为先行组织者、直接性注意、选择性注意、自我管理、先行预备、自我监控、延迟产品和自我评估。认知策略分为声誉、资源、笔记、分类、推论、重组、意象、利用声音表像、关键词、语境化、加工、转移、推论，直接性物理反应、翻译和利用声音表像。社会情感策略，分为合作和问题说明。

在所有这些策略里，元认知策略占据主导地位，它控制着其他策略的工作。为了提升语言学习效率，策略培训需要作为一个灵活自由选择的整体来说明。

元认知是我们认知过程的知识。弗拉维尔是第一个创造这个术语并认为它是我们熟知的一个学习过程。在他看来，元认知是个体关于自己认知的认知，是个体能够对认知过程进行调节的能力。元认知策略属于最典型、也最有效的学习策略。运用元认知策略，学生能够对自己整个学习过程进行有效的监控。

根据海克（Hacker，1998）的观点，元认知认识包括三个部分：思考知道什么（元认知知识）、思考现在做什么（元认知技巧）、思考现在认知和情感状况（元认知经历）。最重要的是讨论自主学习者的信念需要对自己的学习做出明智的选择。如果教育的目的是让学习者负责他们自己的学习，那么他们就要能够计划、评估他们的学习。“为了实施，他们就要熟知元认知，否则就如同没有学习方向、没有复习学习内容的能力、没有今后的学习目标一样”。

在中国，杨晓虎和张文鹏（2002）在进行了实验研究后得出了如下结论：学生的认知能力与他们的外语阅读能力以及流利程度有着非常紧密的联系。那些对语言学习过程有深刻见解的学生，把自己作为学习的初学者，相信自己的潜力，相信自己是成功的语言学习者。他们会以更积极的、自主的态度应对学习中碰到的各种情况（Victori & Lockhart，1995）。如果学生对于自己的学习有错误的认识，他们就会责怪自己，而不是采取积极负责任的态度面对学习，他们因此也不会成为学习自主能力强的人。那么，如果学生的自主学习能力受到阻碍的话，教师们应该帮助学生更正和重建他们的认知知识，因为学习者的信心是可以塑造的，老师可以要求学生讨论他们的学习目的，并用说服教育来消除学生对学习的不正确的态度，以此来促进学习者自主学习能力的培养。（Yang， 1998：129）

为了能够让学生乐意接受自主学习能力的培养，老师应该改进他们的元认知能力，如对于教学的自主学习态度、理念和期望，个人的目标、自己强项和弱项的意识。通过扩大自己的知识量、采用更有效的学习方法、更广泛的学习资源以及更多的接触目的来提高元认知能力有益于学生自主学习能力的提高。（Victori& Lockhart，1995）通过让学生意识到并且享受学习过程，教师应促进学习者自主学习能力的发展。

2.学习动机的培养

学习是一个积极的过程，它需要高昂的学习动机和正确的学习方法才能到达理想的彼岸。在一定程度上，学习是自发的，但是它也必须有动力支持，这样学生才能在学习活动中坚持。明确的动力在学习过程中是很宝贵的，因为动力能加速行动。当学生强烈渴求语言学习来满足他们本能的和非本能的心理需求时，他们就会乐观主动地去学习。因此，动机是学习过程中非常核心的。在学习一门外语的过程中，包含各种各样因素都能增强学习者达到重要目标的动机。所有的因素包括非常积极和乐观的综合动机、机械动机、外部影响和刺激等。

学习的概率在于学习者动机力强度的大小。强大的内在推动力意味着更加强大的努力。合理的动机不只是设定在情绪主动学习，它还支撑和指引着学习，唤醒学习兴趣。对于学习者的所有因素，自我效能和坚持不懈是除了环境以外的有效学习的关键。动机可能是学生带给学习任务最重要的特征。乔姆斯基指出了激活学习者动机的重要性，“事实是大约99%的教学是在使学生对教材感兴趣”。但是动机和语言学习中自主性的关系已经成为一个非常有争议的问题，争议在于自主性是否增强了学习动机抑或是学习动机削弱了自主性。Dickinson （1995）指出“自主学习者学习动机更强，学习也更高效”。“动机可能是导致自主学习或是具有自主性的前提条件”，（Sprait，Humhreys & Chan，2002），这对语言学习者的培训任务具有重要意义，因为这表明教师应该选择把教学优先权放在哪里。

基于加德纳和兰伯特（1972）早期的研究，加德纳和其他研究者们进一步阐明了语言学习中学习动机可以分为外在动机和内在动机。外在动机来源于与学习结果有关的奖赏或惩罚，学习的目的不是学习活动过程和获取知识本身。“内在动机是学生对学习活动本身天生的好奇心和兴趣所激发的学习欲望”（Deci & Ryan，1985：25），求知欲是内部动机的主要体现。在帮助学生发展学习动机、从而促进学生进行自主学习方面，教师可以在课堂上给学生分配更多的课时让他们有兴趣参与并引导他们参与各种课堂活动，他们希望做自己想要去做的事情。学习动机对于自主学习起着较好的推动作用，因此，要进行长期的、有效的学习，学生保持积极的学习动机会起到事半功倍的作用。此外，动机的强度对学习效果有较大的影响。学习动机的过强和过弱都不利于学习效果的产出。动机的强度与学习效率的关系，可以用“叶克斯——道森（Yerkers—Dodson）律”来描述，即用一条“倒U形曲线”来表示。根据布鲁纳的观点，学生理想的动机水平处于冷淡与狂热、激动之间为最好状态。动机过强或过弱，不但不利于学习效率的提高，而且也不利于保持学习动机的持续和稳定。因此，在培养和发展学生自主学习能力方面，一般坚持以内部动机作用为主、外部动机作用为辅、并正确运用外部鼓励的原则。外部奖励的正确运用，不但有助于学生的自主学习，而且可以充分开发学生的内在学习动机并充分发挥其作用。

自主学习的核心是学生的学习态度、学习能力和学习环境，并且实现自主学习的先决条件是帮助学习者从心理上对语言学习产生兴趣，兴趣是秘诀所在。一些研究人员把它作为主要驱动力（王小玲，2002）。

关于培养学生的学习动机方面，教师首先应该激发学生对语言学习的兴趣和积极性。教师可以通过以下几点来达到这种效果：

（1）明确哪些是学生最需要的方面，或者了解是什么因素阻碍他们的学习；

（2）在课堂学习中，学生在哪些方面得到满足，又在哪些方面有所不满；

（3）什么样的教学方法才是他们最喜欢的。根据这几点内容，教师就能够总结出哪些方面是应该保持或者应该改变的，又有哪些方面是需要增补或者删减的。类似这样的问卷调查，一方面有助于改善教师的教学计划，使其灵活有效；另一方面能够增强其自信感，为与学生的通力合作做准备。

然后，教师需要创造一个舒适轻松的学习氛围，在这种氛围中，学生可以“通过个人积极参与，为课堂活动做出贡献，寻求可选的解决问题的对策，并且对教师在组织管理、材料选择、提供可选建议、开展恰当户外学习活动等方面做出客观评估。”（Chan， 2001）而学习者是否参与课堂活动之中，对此做出贡献，或者寻求到可选的解决问题的方案等因素，在很大程度上取决于教师能够为他们的学习提供多大的推动力。为了达到这个目标会分配给学生更多的课堂时间，让他们来组织课堂活动和他们所喜欢的素材，这样一来，学生就会由于个人兴趣而希望参与其中。教师可以给班级介绍“这种类型的激发行为可以和学习者自主相结合，而这种模式又被学习者中心论者誉为先驱。”（Sprait， Humhreys & Chan，2002）教师也可以把自己当作这种动机的模版，这是对于促进动机发展最有效的方法。

此外，教师必须帮助学习者建立和维持他们的自信心。没有信心，何谈自主和进步：鼓励学习者即使面临失败，也要树立信心，相信自己的能力，这样他们不断的努力是他们进步最原始的动力。在学习者取得成就的时候，也可能这个成功毫无意义，或者是无足轻重的，但是作为教师不应该忽视任何一个给予表扬的机会。教师的表扬和同伴们的仰慕将是他们最大的内在动力，足以激励他们取得更大的成功和进步。这种固有的内部动机对于维持强大的自主性是最有帮助的。

3.学习风格的培养

学习风格一般由认知风格（cognitive style）决定，学习风格即认知方式，是指个体认知过程等方面的习惯性的行为模式和在知觉、记忆、问题解决过程的态度和表达方式，是“个性差异在认知结构、认知功能方面的体现。认知风格具有个体差异，且种类繁多，如场独立型和场依存型、思索型和冲动型、整体型和分析型。在第二语言习得研究，场独立（FI）和场依存（FD）的区别备受关注，并被普遍采用，Witskin （1971）提供的以下描述：在现场取决于感知方式，感知是强烈的周边领域的整体组织为主和外地部分经验丰富的融合，在领域独立模式范围，它将从有组织的变为离散经验。

一般来说，场独立倾向者普遍较为独立、竞争、自信，而场依存者往往更加社会化，会把他们自己的身份从周围人中衍生出来，而且经常会对别人的感受和思想有更多的感知和同情。场独立学习者在正式语言上做得更好，而场依存学习者在非正式语言方面做得更好。意愿描述了四个一般的学习风格，具体的学习风格、分析学习风格、交流学习风格和权利导向学习风格。

4.学习环境

学习环境是指学习者在培养自主学习能力过程中所需要的外部支持，因为自主学习不仅仅是指学习者独立地进行学习。他们的学习还要靠外部环境机制的各种条件的支持，包括老师、设备、学习资料等。我们主要关注的是在教室培养学生的自主学习能力，因此，教师要发挥的作用是必不可少的。

根据自主学习概念，自主学习者要能够独自决定自己的学习需求和学习目标，明确如何查找并利用学习资源，选择和实施适合自己的学习策略，组织学习任务和自我评估学习效果。对于学习者来讲，所有的这一切在激烈竞争的学习氛围中都是很艰难甚至是不可能完成的，尤其是在各种考试泛滥、以教师为中心的教学模式下。在中国，尽管大学英语教学法的改革已经进行了好几年，但很多教师似乎还沉迷于传统的英语教学中，处于教学活动的主导地位，过于强调英语的知识性而忽略了学生的英语应用能力。测试系统设计和实施仍要求学生要靠死记硬背来应对校级和国家级的语言考试。LittleWood （1995）指出，学习者的自主学习能力的获得在很大程度上取决于教师的自主性。对于学生自主学习能力的培养，教师的角色和作用具有关键性的影响，教师应充分认识到这一点。教师在教学活动中必须放弃一些对学生的掌控，学会成为学生学习的顾问、评估者、资料搜集者、管理者和组织者。简言之，教师就是学生自主学习过程中的辅助者。Holec （1985）曾对教师充当教学辅助者提出过自己的见解。他认为，教师应当帮助学生提高对自己学习的责任意识、增进学习动机，帮助他们设计并且执行自己的教学计划，帮助他们监督自己的学习过程、评价自己的学习成果，同时还要帮助他们获得实现上述目标的知识与技能。

针对在教室中如何实现教师这个促进者的作用，Nunan （1997）曾指出，帮助学习者自主学习是语言教室里最应该实现的任务。他提出实现这一目标需要以下五个步骤：

（1）培养学生的学习意识，让学生知道教学的目标、学习内容以及学习方法。

（2）培养学生的参与能力，让学生积极参与到教学和学习过程中去。

（3）教师有效介入和干预学生的学习，鼓励学生调整自己的学习目标、学习方式方法。

（4）培养学生具有掌控自己学习的能力，让学生离开教室这个学习环境后还能独立自主地学习。

在中国，为了促进学生们的自主学习能力的提高，老师们做了很多的实验想去创造一个理想的学习环境。例如，2001 年，中南大学的彭金定与刘春调整了教学计划，鼓励学生自主学习以帮助学生们：①明白自己的责任；②确立自己的学习目标；③独立实现自己的目标；④不断思考、评判自己的学习成果。

（5）调整自己的原始学习计划。对于如何解决提高学生的自主学习能力，Victoria Chan （2001）推荐“轻松的学习环境”以及采用可以让学习氛围更为令人轻松愉悦的有吸引力的教学资源。

5.语言自主学习者应该具备的特征

尽管目前对于自主学习者的学习兴趣以及培训的重要性已经被普遍接受，但是在外语学习的教室里，培养学生进行自主学习的能力还不能成为最主要的教学目标。原因之一是因为“我们对于语言学习方面的知识仍然是不完整的”（Stern，1983：410）；另一个原因是，由于相关研究成果不多，目前市场上有关教师的指导用书和学生的学习用书数量种类都还比较欠缺。

Carrell（1967：104）指出，可以讲多国语言的成功人士的人物传记应该对于成功的语言学习条件有所帮助。事实上，有很多研究围绕着那些成功的语言学习者展开，这些研究尽管在结果上还有些保留，但是已经找到了那些成功的语言学习者的特点以及学习策略，并且对于外语学习的过程提出了一些有用的见解。

在学习自主性的培养中，由于“影响语言学习成功的各类因素之间存在复杂的相互影响的关系”（Frohlich & Paribakht，1984：71），每一个语言学习者的独特性和独立性以及多种促进语言学习成功的方法，每一个语言学习者需制订符合自己个性的学习方法并且以不同的方式来实现它。因此，对于语言学习者来讲不会有一个固定的语言学习的模式。然而，虽然学习者之间有差异，但目前很多的关于学习者特点以及方法的研究结果都有重合的部分，这些研究结果具有很强的实用性，因为它是建立在教师自身实际经验的基础上的，可以在课程设置和课程教学方面作为指导，因此，对于学生来说具有实际意义，总结之后，语言自主学习者一般具有以下几个方面的特征。第一，好的语言学习者有自我发现的能力。他们可以发现并且理解他们自己对于语言学习的态度以及感觉，而这些态度也不一定都是积极的。第二，他们很好学，也很有包容性。他们在学习语言本身以及利用现在的知识去学习更多的知识之外，他们对很多问题都感兴趣。他们随时准备接受自己的母语与目的语之间的差异，可以包容一切的模糊点和不确定的方面。第三，他们对自己的要求很高。他们自己监督自己学习的进度。第四，他们很现实。他们知道要学一门外语需要很长的时间和付出很大的努力，所以给自己制订了一些短期的并且很现实、可操作的目标，从而使他们的学习过程变得更容易取得进步。这也可以帮助他们树立信心。第五，他们愿意尝试。愿意尝试不同的学习方法从而去选择那些最适合自己的方法。他们积极参与到学习的过程中来，有足够的信心，不害怕尝试，也不畏惧承担风险。第六，他们采用适合自己的学习时间与学习材料，并且尽力挖掘教室内外适合自己的学习资源。尽管这个研究已经在如何成功学习语言方面给我们提供了一些有用的见解，但学习者各自具有不同的特点，因此不能一概而论。教师应鼓励学生发现适合自己的最好的学习方法。此外，如何界定方法的好与不好，每个人都有自己的见解。如果有些方法对一些学生在实践中有难度的话，可能会导致学习焦虑。

二、自主学习的引导与自主学习的组织

在自主性培训的早期阶段，学生在自我引导学习方面，对于他们自身的特点并没有一个清晰的认识，教师的指导自然是省时而高效的，教师在以下方面起着重要的指导作用：充分掌握他们真实的语言水平；设定可达到的学习目标；选择和目标相适宜的学习素材；建立一个可以实现目标的有效计划安排表；为以上四种技能设计活动；为完成的工作做出评估；在对学习的评估中反映出收获和损失。

当然，不要期望学习者能在短时间内成功地做到这些。他们必须要学习如何处理这一类的问题，然后从中总结经验，并成长起来。

在这种活动中，教师的任务就是提供避免他们失败的支持，然后在他们获得更大成功之时，逐步减少这种支持。

教师最重要也最难以扮演的角色就是课堂活动的组织者。许多活动的成功均取决于完善的组织。在筹备阶段，教师必须在心里有一个标准，在这个课堂活动结束之后，将会达到一个什么样的结果。为了达到预设目标，教师必须为班级的活动制作一个适宜的管理方案。例如，口语表达组的工作将是锻炼学习者合作性和自主性的最佳选择。在小组活动中，教师可以把整个班级划分为几个小组，每组五个人左右，如果有必要的话，就选出一个英语较好的学生来帮助其他组员一起完成任务。小组的每一个成员都参与主题的确立，相关素材的选择和最后陈述的方式。在活动进行过程中，教师只负责倾听和记录正在发生的现状，不能打断或者纠正，而以上不允许的状况，只能在活动完成后再处理。在陈述结束后，通常会给老师留一部分时间对学习者将来的任务进行跟进式提问、修正、评论和建议。最后，教师将会布置一些课后作业以增加学习者们在家学习的时间，然后找到针对他们问题的解决方案。在这种情况下，老师将不插手整个会话实训的流程，他仅仅作为一个参与者和学生一起工作。这就是典型的学习者自主性的培养。

三、动机策略对自主学习的意义

研究证明，外语学习受到诸多因素的影响，如年龄、性别、学习环境、个性特点、学习态度、能力、动机、情感因素、认知风格和学习策略等。自主学习能够取得什么样的效果主要取决于学习者的学习自主性，表现在他们的学习动机、语言意识和学习策略的运用等方面。

学习动机对学习活动起着积极的推动、指向、强化和维持的作用。动机策略是为学习者提供动力和指引方向的一系列方法。动机策略是学习过程的重要组成部分，保持正确和持久的动力是学好英语的前提。学习动机分为工具型动机（instrumental motivation）和综合性动机（integrated motivation）。工具型动机是指学习者的目的在于获得经济实惠或其他好处。综合性动机与工具型动机相对，是指个人学习外语时对语言本身产生了强烈的兴趣，并希望可以融入所学语言的文化。综合性动机的人学习外语时能体会到乐趣，不觉枯燥厌烦，更易于掌握外语。学习动机是由学习者的学习需求而产生的，学习需求是学习者产生学习动机的基础。学习者学习需求的满足程度会直接影响学习者的学习动机，而学习需求的满足又依赖于外部条件的状况。因此，为了满足学习者的内部需求，使学习者产生并保持持久的英语学习动机，创造相应的外部条件至关重要。无论是工具型动机还是综合性动机，均对自主学习有促进作用。

能够促使学生得以践行自主学习的主要内因是学生的学习动机，积极的学习动机能推动学生进行自主学习。因而，学习动机对学生能否学有所成起着决定性的作用。积极的学习动机能激发和指引学生进行并完成有意义的学习。积极的学习动机形成后，它可以使学生建立主动积极的学习态度，对学习产生强烈的兴趣，并在学习中保持集中的注意力并有一定的动力使集中注意力的状态稳定并一直保持下去，在遇到困难时有克服困难的意志力。学习动机既确定了学习行为的方向，又赋予了学习的动机，因此它对学生的学习有着极为重要的作用。

首先，工具型动机向综合性动机转移、或两者进行有机的结合时，学习动机便增强了英语自主学习的可持续性。运用动机策略可以改善学生自主学习，把具体的学习任务建立在具体目标之上。多媒体手段是动机策略中的一种重要的手段。它可以使自主学习不受时间和地点的限制，同时也方便学生更多地借助于媒体资源和网络学习材料等外部环境进行自助式学习，学生的学习兴趣大大提高。

其次，动机策略的合理运用使自主学习成为可能并能保持较高的学习质量。动机策略是方法。实践证明，动机策略运用得越合理，自主学习的过程就越科学完整，学习效果就越好。动机策略的运用可以内化自主学习能力。

第五节 教师在培养学生自主学习能力中的作用分析

自主学习受到许多因素的影响，例如教师自主性、学习策略、学习方式、学习动机、文化和社会以及技术协助。在这些因素中，教师的作用更重要，因为它与自主学习密切相关。在自主学习实践中，教师对自主学习活动的设计方式与内容直接影响着学生能否充分而有效地利用各种资源进行自主学习。

一、教师角色的转变

教师要在培养学生自主学习能力中发挥作用，就要实现角色的转变。在传统的教学模式中，教学以教师为主导，以应试为目的，主要讲授语法和词汇。评估教师的标准在于他们给学生灌输多少知识，自然是越多越好。教师毋庸置疑是“权威”，一个“给予知识的人”，他们自始至终都支配着整个课堂。而学生只是“无知的观众”，记录下珍贵的词组，还要为此喝彩。这种教学重在强调语言能力，而不是应用能力，整个过程中教师和学生之间没有什么合作，而教师也很少能从他的“观众”中获得反馈意见。

在自主学习的教学模式中，教师和学生的角色都有所转变，各自所扮演的角色也发生了变化。目前被普遍接受的在自主学习过程中教师应扮演的有六大角色：学习引导者（guide)、目标确定者（go al setter ），资源提供者(resource provider ），学习促进者(promoter)、困难帮助者（facilitator）和成效评估者（ evaluator） 。

在学生的自主学习中，教师应对学生的学习起引导作用。教师要向学生明确概念：“自主学习”与“自己学习”是完全不同的两个概念。“自主学习”并非不需要教师的引导。学生由“他主”到“自主”也需要一个转换和适应的过程。自主学习需要学生在教师的指导帮助下独立自主地完成学习任务。在这个学习过程中，教师需要向学生介绍相关的学习技巧和策略并对其进行一定的训练。

教师要根据学生的情况为他们确定学习目标。因受其生理、年龄、环境等因素的影响，学生的元认知能力和自我监控能力尚未发展完善，还不能为自己的自主学习制定完善的目标和方案，因此，教师要为学生设计自主学习各阶段的学习指标应该达到的程度，比如听力理解、阅读能力、词汇掌握、语法水平等。而后，学生根据教师制定的总体学习目标和确定的总体学习内容，制定出符合自己知识积累情况的个性化的自主学习目标。

教师要为学生的自主学习提供相应的学习资源。虽然传统的教学模式诟病已久，但是教师依旧被当作是学生的一种方便有效的资源。随着互联网与现代技术的迅猛发展，日益增多的学习资源极为丰富。作为资源引导者，教师可以给学生介绍一些英语报纸杂志，比如《英语沙龙》、《21 世纪》和《中国日报》等英语报刊杂志等。

也可以是一些不错的外语学习网站，例如，中国日报网、沪江英语网、普特听力网等，甚至可以推荐美国之音（VOA）、美国有线电视新闻网（CNN）、英国广播公司（BBC）等英语本土国家的广播和网站。当学生在学习中遇到困难时，教师应随时提供相应信息。

教师是学习的促进者。在教学中，教师最重要也最困难的任务就是组织教学。在中国，教育仍然以应试为目标，这种理念所导向的教学方法阻碍了对学生潜能的开发，导致一些学生存在高分低能的情况。因此，教师需要把学生从以应试为目标转变成以能力为目标培养模式。教师不再是一个演讲者，知识的传送者，而是一名设计师或者说是学习氛围的创造者。Littlewood 认为学生最想要探求的是知识本身，专家做过一个实验："课程一开始，学生在阅读课文的同时自学，并且和同学讨论较难的词组和句子，然后在黑板上写下那些超出他们理解范围的词语，最后全班同学一起讨论。如果他们还无法理解这些难点，就需要教师来解释。在学生回答了综合问题之后，他们就有机会向教师提问，这些问题包括一些词语的使用和难句的理解。"通过这种方法，我们可以清晰地看到老师从课本的演绎者变成了学习的促进者，而且课堂中的难点也在教师的帮助下被克服。根据 Nunan 的理解，当传授（教师输出）和接纳（学生输入）加快时，学生自主性就得到了加强。这即是说，教师作为敦促者，在引导学生如何发挥他们的自主性，以及如何促进整个过程等方面，发挥越来越重要的作用。当学生不确定该怎样采取行动，或者下一步该做什么的时候，教师就应该给予相应的引导或提示。当学生尚未准备好回答时，教师要能够给出暗示来引出更多的答案。此外，教师还可以作为一个"平等的伙伴"加入到整个活动过程中，活动一开始，教师就需要转换角色，加入到学生当中，并且不再以权威的高高在上的身份出现或支配活动。

教师还是学习成效的评估者。教师重要的职责之一就是评价学生的工作，教师应该关注学生的成功和进步，所以就要营造一个以成功为目标的学习氛围。同时学生也会在自主学习方面更加自信。

评价应该是客观、公正、富有艺术性，经常使用“好”“很好”“非常好”“做得不错”这样的评语。在各种模式中，教师可以继续担任指导者，并且通过两种方式来控制班级行为：直接通过班级管理规程和间接通过学习活动。外语教师在整个课程的教学期间往往是两种模式交替使用，而且，教师是否能够更好地让他们的学生变得更加自主，还取决于教师能否履行好其所有角色的职责。

当然，在教学中教师要扮演很多角色。即使是自主学习教学模式中，主要是以学生为中心的教学，但教师仍然扮演着很多重要的角色。除了上述所提到的角色以外，教师也是学生自主学习的激发者（motivator）、组织者（organizer）、监控者（monitor）、诊断者（diagnostician）、学习顾问（counselor）、协调者（negotiator）、个体差异的发现者和指导者（individual difference detector） 。

二、教师在两种教学模式中的作用

1.教师在“T—S 教学模式”中的作用

“T—S 教学模式”通常被称为引导性教学模式。这种以学生为中心的教学模式是一种与传统模式不同的师生关系，强调从过程中学习，建立一个动态的学习团队，对学习的过程给予极大的关注，其特点是动态教育学的实践原则，如教师的指导地位，学生积极参与的作用，学生的内在动力，课外学习，学习过程中认知与情感的同等重要性，对于学习过程的关注以及通过自身努力取得学业上的成功。在此模式中，教师的角色从支配者转换为学生学习活动中的积极参与者，与此同时，教师应设计活动程序，记录学生的表现，然后给他们评分和总结。这种类型的教学模式改变了以往的传统模式，注重体验的同时还引入了讨论、交流和探索的因素。而最为重要的是这种模式主张“授人以鱼，不如授人以渔”，不但解决了学习中的问题，还帮助学生掌握了语言应用和创造的能力。教师并不仅仅要给学生知识材料，而且还要教给他们获取知识的方法。教师可以通过以下几方面来帮助学生进步。首先，帮助学生树立一个明确的目标。教师可以参考大学外语教学大纲，了解关于听、说、读、写、译的具体规划，学生可以制订符合自己需求的计划。其次，好的学习习惯对学生来说也是至关重要的，教师应该指导学生管理他们的学习，给予他们学习的技巧和策略。一个良好的推动力和信心能保证 T—S 教学模式的成功。动机是影响二语习得的其中一个重要因素。学生的学习动机直接影响他们的学习积极性，拥有较好动机和较强自信心，同时又较少被焦虑和脆弱情感缺陷影响的学生往往在学习中获益匪浅，反之亦然。教师要掌握学生的心理，为学生创造动力，帮助他们树立信心。

在传统的灌输式教学中，教师是主体和中心，而学生则是被动的接受者。然而，启发式教学是以学生为中心的，学生的积极性、主观能动性和创造力得以发挥。教师要善于引导、启发学生的想象力以及他们的兴趣，使其更加积极主动地培养自主学习的能力和习惯。

此外，“T—S 教学模式”重视师生互动交流。频繁的师生互动交流是积极有利的学习环境与成功的学习团队的标志。积极有利的学习环境不仅仅是对学生的课堂学习有效，对课外学习也是如此。

结构主义认为知识的习得取决于学习者本身，而不是来源于他人的传授。外语教学的主要任务是帮助学生获得学习自主和语言应用的能力，这就要求我们在课堂上采取以学生为中心的教学模式。课堂应该是一个交流的地方，教师作为引导者，要带领学生，并为学生的实践创造机会，以便激发他们对英语的兴趣。大学英语和高中英语不同，单词记忆、语法练习和听写已经不再是学习的目的，而更多的是强调听、说、读、写方面的发展，因此，教师要让学生明白：仅仅在课堂上的教学是远远不够的。学习英语的最佳方式和态度就是学生自主，也就是说，学生应该自行调配他们的课外学习。

对于“T—S 教学模式”来说，学习策略的总结是必要的。为了确保 T—S 教学模式的效用，学生要负责他们自身的课余活动，教师也要了解其自主学习的过程，并为学生总结和比对有效的方式和方法，让学生对成效有直观的体验和感受，在改进自主学习中也会起到良性作用。

2.教师在“S—S 教学模式”中的作用

“S—S 教学模式”在学生自主学习中被称为协作学习。学生被分成许多协作组，然后配合团队完成任务。同学间的互教活动，相互评定，自我评价，团队协作，同一团队内的共同目标，资源共享，这对学生的自主学习产生积极的影响。对于学生自主学习的训练有如下特点：协商沟通，以过程为中心，积极地相互依靠。老师与学生共同商量如何组织教与学的过程、选择学习内容以及如何对学习结果做出评价。

Boekartes 认为协作学习是以目标为中心的，是独特的。这也是学生自主学习训练的特点，因为每个学生的表现与想法都是受欢迎的，在学习的不同阶段都可以体现出学生们的不同目标。关于积极的相互依靠，作为一个学习团队的一员，学生明白团结力量大。团队的成功也就是组员个人的成功，反之亦然，但是，这些需要学生之间的相互依靠。学业上的成功在很大程度上取决于学生们是否在课堂内外选择了相关适当的语言内容。成功还取决于学生们是否以一种合适的方式将所学展示出来，还有他们是否认真的相互评价，给同伴有用的反馈信息。这一点与 Cohen 提出的资源共享一致，因为同伴就是实践与评价的来源。每一个学生都对他同伴的成功起着积极的作用。从这个层面上说，为了达到小组的目标，学生们应该彼此依靠，这就是所谓的目标互相依赖原则。

在“S—S 教学模式”中，老师的作用不仅仅是传统意义上的传播知识，更应该是促进学生能力的提高。老师有着高度的自主能力，他们非常灵活，是可以持续学习的负责任的人。在教室里，他们即使是把权力交到学生的手里也不会失去权威，他们不断地实践与学习的同时，也为学生树立了很好的榜样。教师的作用主要从两个方面表现出来。一方面是制定协作组的分配原则，另一个方面是为每个协作组建立相同的目标和任务。通常，不同班级学生的人数不同，学生的外语水平也各异，教师要把各种因素均考虑在内，使优等生、中等生平均分布在每一个协作组里，这样，后者就可以从前者那里获得更好的语言输入知识，同时，前者也有更多的机会来输出自己的见解。这样的协作组让每个人都得到各自想要的东西。

在为每个协作组建立相同的目标和任务时，教师可以从他的教学实践中获得进步。教师可以尝试指导学生，并且有可能借助提问来吸引学生自觉反映他们自身的学习状况，这样对于提高学生的学习意识是很有效的，而且，教师也可以从事各种各样的研究活动。在教学过程中，反映性教学被纳入学生自主学习的开发中。教师同时参与教和学两个过程，因此在专业建设方面促进了教师自主。

在以学生为中心的方法中，教师的角色被重新定义了，他被赋予了辅助者、总结者和学习资源的管理者等角色。他们作为辅助者，通过提升学生的觉悟来为学习提供支持，帮助学生制订学习计划，监督他们的学习过程，评估他们的学习成果，促进他们语言能力的提高。作为指导者，教师的作用应该是为学生提供指导与意见，教师与学生应该有一对一的交流；作为学生管理者的作用指的是教师是知识与专业技能的来源，为那些自主学习的学生提供已有的信息。教师应该为学生提供一个唤醒学习动力从而使学生能自主学习的学习环境。因此，在学生进行自主学习的过程中，教师的作用已经不仅仅是促进者、指导者以及学习的管理者，还要制定策略使学生成为高效独立的自主学习者。

教师在培养学生自主学习中很重要的一个环节是课外独立练习。课外独立练习重要的是要建立一种关系，一种可以公开批评和商讨学习内容和目标的关系，学生课外独立练习只有在对学习成功反复思考的情况下才是有效的。对学生的培训要充分利用每个学生的特点以及他们以往学到的知识。靠规定无法让学生自主学习，实现自我管理，应该让自主学习建立在学生的思考之上。应该帮助每个学生找到适合他们自己的学习方法。

三、培养学生自主学习意识的方法

1.问卷调查

教师可以就学生的学习目标以及学习策略展开问卷调查，每学期 2~3 次。这样既对教师更好地了解学生有益，也可以让学生明白自己的自主学习状况。

2.深度访谈

与学生进行深度访谈可以以一种更直接更开放的方式帮助学生更好地了解他们自身的英语学习。教师可以通过问学生，如关于英语学习与教学的态度、学习中的需要、学生与老师的作用、学习中的困难以及应对的策略等问题与学生互动。

3.学生日记

学生的日记是学生做的关于自己语言学习经验和对学习过程反思的能反映问题的第一手资料。Nunan 发现在教师指导下的思考非常有效。“三省吾身”的教育理念适用于每一个懂得思考，并从思考中纠正自己错误的学习者。这样的进步往往是最大的。

四、正确看待教师在学生自主学习中的作用

没有自主的教师很难有自主的学习。自主的教师是独立的，有着自给自足的个性，他们把教学当作是自己职业道德方面的责任。自主的教师们在教室中的主要作用不是传授知识。相反地，他们表现为组织者、建议者以及信息的来源。教师的作用以及学生的自主学习是相互关联的。没有教师，学生的自主学习不可能完成。教师们要能够将传统的以教师为中心的模式转变为以学生为中心的模式以帮助他们成为可以自主学习的学习者，教师们还需要让自己去适应如下的新角色，如促进者和咨询者，通过这些角色，教师们可以为学生的自主学习创造环境，培养他们的意识最终使他们可以自主学习。教师应该调整自己的学习和授课态度，把很多传统的教师的角色转给学生，让学生越来越少地依靠教师，自己满足自己的学习需求。教师更多的是资源的发现者、提供咨询者、学习促进者，而

不是教室中的裁决者或者掌权者。学生应该把“学习者”这个身份记在心里，而不是总想向教师求助。教师还应当在培养学生自主学习能力的同时培养自己处理学生在学习过程中的焦虑情绪的能力，因为学生学习的失败也就意味着教师教学的失败。教师以积极和客观的态度面对国家性和地区性的教育改革，引导学生建立终身的学习意识，把建设学生自主当作职责所在，把专业发展融入教学实践中。灵活处理外部和内部约束使教学和学习受益，帮助学生建立自主学习的意识、获得自主学习的能力，以助其今后的终身学习。

五、关于对学生自主学习的误解

一个误解是认为教师不是学生自主学习过程中的重要组成部分。其实与之相反，教师起着至关重要的作用，他们的责任不能被忽视甚至被忘记。学生的自主学习建立在学生的独立性以及对学习有着积极态度的基础之上。学生有责任做出决定自己掌握自己的学习。但是，如果没有教师的指导与监督，整个过程就会变得效率低下甚至是杂乱无章。

另一个误解是认为自我指导与自主学习是同义词。相反地，它们不是相同的概念。自我指导指的是学生自己学习没有老师的直接掌控的情况。从狭义上讲，自我指导是一个直接的、长期的学期规划，从开始到计划再到实施都是由学生独立完成，没有老师的干预。它的重点在于是否由学生独立完成，学生独立完成的过程中完全没有老师讲授。相反，学生自主学习的重点是学习的过程是否由学生自己掌控。在自主学习的过程中，学生为自己的目标设置、学习材料的选择以及学习效果的评价负责，而不是受控于教师或者是自学材料。

此外，还有一种误解是把自主学习当作是一种简单的容易被描述的行为。自主学习很难被描述，因为它可以表现为多种形态。最后，因为由于学生的表现无法保证，稳定的自主学习状态对于一些学生而言在短时间内不容易做到。

第二章 大学生英语自主学习能力可持续发展研究

第一节 建立人本主义的英语教学理念

一、“以人为本”的教育理念

人本主义思想的起源和发展，大致是按照三条路线演进的，第一条是西方社会的人本主义思想及其发展路线；第二条是中国传统文化中的人本主义思想及其发展路线；第三条是马克思主义的人本主义思想发展路线。

西方传统文化的人本主义思想源于古希腊，盛于欧洲文艺复兴时期，主要是针对宗教对人性自由的严重束缚、作为神本主义思想的对立面而出现的，相当于“关于人的学问”，是一种以人为出发点和以人为中心的哲学理论，其中心概念是人、人格、个性、本性、潜能、价值和尊严等。

人本主义思想作为中国传统文化所包含的一个基本理念，深深植根于人类文化的沃土之中。正是在这种“以人为本”的人文精神熏陶下，不仅历代贤明的君主几乎都把重生重德、谋求百姓的生活安定作为其基本的统治思想，而且每一社会个体也在客观上把自己置于现实社会关系中来考虑自我的生存之道，从不把彼岸世界作为生存的寄托，由此就构成了我国传统的民本思想，并成为中国文化传统的重要组成部分。

马克思主义继承了以往哲学关于人的思想理论的积极成果，科学地揭示了人的本质，为人本主义思想的确立奠定了科学的基础。马克思创立的唯物史观，本质上就是“以人为本”的历史观和发展观。在其唯物史观的科学体系中，人是其理论的出发点，人的发展是其理论的核心，人的自由、全面发展是历史发展进步的标志。

可持续发展的第一要义是发展，核心基础是人，因此，“以人为本”是可持续发展的核心和本质。要实现可持续发展，就应坚持人本主义思想，以人为本，把人作为发展的本源、本体和发展的核心，把不断满足人的多方面需求和致力于人的全面发展作为发展的根本出发点，坚持“以人为本”的理念是实施可持续发展的保障。

“以人为本”的精神实质主要有以下三个方面的体现：

第一，“以人为本”追求的最终目标是人的不断完善。人的非确定化是人的一种不完善。这种不完善的状态表明人有非限定的可塑性，它为人在能力、活动、生活等方面的发展提供了充分的空间、自由度和可能性。“以人为本”的理念就是据此把人的不断发展、不断完善作为追求的最终目标。

第二，“以人为本”的理念其核心在于尊重和凸显人的主体性。主体性的问题就是主客体关系中如何看待人的地位、作用的问题。人之为人最重要的、最根本的、最深刻的性质就是人的主体性。只有当人具有一定的主体性时，人的本质力量才能得以最大的发挥。在人与自然、人与社会、人与人的相互作用中，人总是扮演其主体性的角色。坚持“以人为本”，就是要在人的发展过程中凸显人的主体性，从而实现人的全面发展。

第三，“以人为本”的理念是人的生存与发展的价值取向。社会发展的历史经验向我们说明了人在社会发展中的核心地位，离开人的发展，社会的发展就难以实现。“以人为本”作为一种价值取向，它强调尊重人、解放人和塑造人。在人与自然的关系上，“以人为本”就是提高人的生活质量；在人与社会的关系上，“以人为本”就是促进人的全面发展，尊重和关怀人性发展的要求；在人与人的关系上，“以人为本”就是强调公正，就是关注弱势群体；在人与自身的关系上，“以人为本”就是尊重人的能力差异，尊重人的个性，不断满足人的基本需求。

目前，“教育要以人为本”已成为中国教育新发展的重要方针。教育是以培养人为主的社会活动。人既是教育的出发点也是教育的归宿。人是具体的、活生生的、现实的个体，教育以人为本就是要关注学习中的每一位学生的学习活动。“以人为本”教育理念的内涵便体现在尊重和关爱教育主体——学生的生命本性，培养和完善学生的社会属性和个性，其最终意旨在于关注学生的全面协调、持续发展。

教育发展“以人为本”应该以学生为本、以“教育人”为本。美国著名心理学家和教育思想家罗杰斯提出了一系列影响深远的人本主义教育思想主张，他的人本主义教育思想主要包括培养“完整的人”与“自我实现的人”的教育目的观，“以学生为中心”的教学过程观，以“真实问题”为主的课程内容观，以及注重学生“自主评价”的教学评价观等。其中“以学生为中心”的教学过程观是罗杰斯人本主义教育思想和教育理论的主要立足点。

罗杰斯的人本主义教育理论倡导教育的宗旨是促进学生的自我实现，目标是使学生的心理健康得到真正的发展，并要求教师信任和尊重学生，提供资源并营造良好的学习气氛。“以人为本”教育中的教学思想的核心是教学人性化，即教学以学生为中心。在中国，大学英语教学是大学教学的一个重要组成部分，大学英语教学改革是教学改革的一个重要环节，在大学英语教学中强调“以人为本”的教学理念，符合目前国家对人才需求的要求，因此是科学的和与时俱进的。

二、“以人为本”的英语教学理念

学生是学习的主体，也是自身发展的主体，教师的教只是素质形成和发展的外因，只有以学生为主体、以人为本才有助于开发学生的自主性、能动性和创造性。因此，以人为本的学生主体观是优化语言课堂教学的价值取向之一，充分体现了素质教育的本质。英语语言教学实践性很强，英语这一文化的载体蕴含着英语国家悠久的历史、丰富的文化，传播着来自世界各地的科技信息。教学中，学生的语言基础知识、文化背景知识、认知水平、语言能力等方面千差万别，教师应充分理解，并在教学过程中充分运用“以人为本”的教育思想，坚持“以学生为中心”的教学理念，把“以人为本”的教育思想运用到教学中，满足学生学习中正当的、合理的需要，鼓励学生积极投入到各种学习活动和交流活动中去，只有这样，才能提高学生的学习兴趣，使学生真正成为学习的主人，学生才有可能最大限度地提高自身的英语语言能力，汲取西方文化精髓，并在学习过程中，养成良好的学习习惯，获得一定的自主学习能力，为日后进一步学习和发展奠定坚实的基础。因此，在教学过程中的主要出发点是满足学生的个性化学习需求，为学生提供一种良好的、能够促进他们学习和成长的氛围，创造最好的教学和学习条件促使学生达到他们所能及的最佳学习状态，帮助他们发现与他们自身更合适的学习内容和方法，从而促进学习主体的全面协调的发展。

三、"以人为本"的英语教学的特点

基于人本主义教育理论和学习理论的观点，大学英语教育的主要目标是让学习主体"学会学习"。以人为本的大学英语教学，始终注重发挥学生的学习主体作用，通过改进英语教学方法和教学策略，探寻适合学生个性化学习的英语学习策略，提高其英语学习效率，充分发展学生个性，强调以学习主体的能力与个性发展为目标，以学习主体的兴趣与需要为教学中心，尊重学习主体的个性差异，营造人性化的教学环境，开发他们的潜能，真正做到以人为本。

首先，英语教学必须以学生语言能力为核心。培养以英语为基础的复合型人才，应以"英语能力"为本，不能倒置，否则就没有优势。可持续发展的英语教学要求英语教师在教学中坚持科学发展的观念。要在英语教学中满足学生学习能力全面协调的可持续发展的基本要求，英语教学的根本应立足于统筹兼顾听、说、读、写、译等基本语言技能的培养，协调处理好教学中这几项语言技能之间既界限明确又相互独立、既相互联系又相互制约的关系，既要有重点地进行培养，又要让各个技能之间互相促进，在实际语言交际中发挥良好作用。

其次，英语教学必须以培养英语实际运用能力为首要目标，注重学生创新性学习能力的培养，在教学中大力提倡创新式人本主义教学，多用讨论式、案例式、启发式教学，充分运用现代化多媒体教学手段，扎实训练学生语言实际应用能力，这样才能真正教会学生"学会学习"。

早在半个多世纪之前，英国著名的外语教育学韦斯特就说过："外语是学会的，而不是教会的。"学生的主动学习在外语教学中起着至关重要的决定性作用。任何好的学习条件、学习方法、学习材料等都只能通过学生自己积极主动的学习才能发挥其作用。学生在教师的引导下，主动探究、发现和学习英语的语言规律和语言学习规律，把被动接受性学习、灌输性学习改变成为主动发现性学习、研究性学习，让学习本身产生学习的兴趣和学习动机，培养积极的学习情感，发挥主观能动性进行学习，从而使学习既具有自主性也富有创新性。

另外，在培养学生实际运用英语的能力的同时，以人为本的大学英语教学还要实现一个更加长远的英语教学的目标，即通过学生对英语学习结果进行自我评价，培养学生对自己的学习负有责任感，提高学生英语学习的自主性，使之学习更加主动、投入，更加有效、持久，使他们学会学习、学会应用，发展独立自主进行英语学习的能力，为今后继续学习和终身学习打下良好的基础。

第二节 构建建构主义的教学模式

由于旧的教学理念和教学模式不利于创新主义精神以及实践的能力的培养，建构主义的理论恰逢其时，为新的教学模式提供了理论和实践的基础。随着多媒体的计算机和网络教育应用的飞速发展，在世界范围内日益扩大其影响。

一、建构主义的教学模式

建构主义学习理论的教学模式是以学生为中心，教师作为组织者构建适合于建构主义学习理论的学习环境。在建构主义的教学模式中，学生作为知识建构的主体参与教学。多媒体也不再像黑板一样只作为教师传授知识的唯一载体，而是成为教师用来在教学中创设情境的手段。现代化教育媒体是一种创设真实语言情境的最有效的工具。现代化教育手段能够有效地帮助英语教师创设出真实具体、栩栩如生的英语学习情境。教师可以根据教学内容的需要运用体现英语文化的图像和声音等手段创设形式多样的情境，例如，设置一些问题或悬念启发引导学生联想思维，或运用一些引人入胜、集知识性和趣味性于一体的场景来激发学生的学习动机和学习兴趣，使学生在一种如同真实的体验中利用自己已有知识结构中的相关经验去同化新学到的知识，在新旧知识之间建立起联系并赋予某种意义。让学生在不同的情境下实践所学的语言技能，根据语言技能实践结果的反馈信息来形成对语言知识的真正理解和语言技能的熟练掌握。在教学过程中学生充分融入“情境”教学和语言实践活动中，他们能够基于已有的语言技能，经过对新的语言知识的反复训练直至掌握，达到对新知识的意义构建。

以学生为中心的合作学习使小组每一位成员的智慧资源和信息资源都可以被小组全体成员所共享，共同完成英语学习和语言技能训练的任务，以达到对语言知识的意义建构，以课堂内容为基础的“英语会话”训练。要使学生真正成为英语学习的主体即语言信息加工的主体，有必要为学生的自主化和个性化学习提供各种各样的方法和信息资源。“英语会话”学习会话训练的同时，在原有的语言知识和语言技能的基础上，建构新的知识。“英语会话”训练时，学生需要一种轻松的课堂气氛。运用现代化教学手段能够为学生提供直观、形象且内容丰富、声情并茂的英语视听材料，让他们亲身感受真实语言情境、实际操练自己所学的语言技能并进行意义建构。

教师、学生、媒体、教材教学中的四个要素之间有着与过去完全不同的关系。四个要素之间非常清晰明确的关系，构成了建构主义学习环境下新型的大学英语教学模式。在新的教学模式下，教师必须转变观念。学生英语语言技能的全面发展和个性发展，才能真正实现大学英语教学模式的创新与改革。

二、新型大学英语教学模式的建构

当今社会的发展对大学生的英语实际运用能力提出了更新、更高的要求。教师必须不断更新大学英语教学理念，探索适合新形势下的英语教学方法和教学模式的建构。在建构主义的学习环境之下，教师、学生之间在教学中的角色和作用都发生了很大变化。基于建构主义学习理论的教学原则，新型大学英语教学设计的原则应着重强调“情境”意义建构的原则。对学习“情境”的创设是教学设计中最重要的内容之一，因为在学习中要进行意义建构首先必须要创设学习情境，真实、具体且形式、目的各异的学习情境会使学生有身临其境的感觉，这对他们对目前所学知识的意义进行建构非常有利。在真实、具体的情境中实施自主学习，学生的认知与元认知能力持续加强。因此，新型大学英语教学模式的建构应遵循建构主义的教学原则，主要表现为：

（1）教学的目标应与学生的学习环境和学习个性化需求相适应；

（2）教师应预知学生在学习中会遇到的问题并就此设计出相应的学习任务并在课堂的教学过程中能够使用。真实的教学活动才是学习环境中的重要特征；

（3）在教学设计中要能反映出或涉及学生们在英语课堂学习之后有能力运用英语应对复杂的交际环境；

（4）引导学生自主解决问题，以激发其创造性思维；

（5）引导学生自主监控学习过程，评估学习效果，发展他们自主进行和管理自己学习的能力，让他们成为能够独立自主学习的人。

围绕这些原则，主要从三个方面进行新型教学模式的建构：

第一，利用现代多媒体、网络资源等辅助设施引导学生的自主学习。随着信息技术和互联网络的发展，充分利用信息技术和网络资源不仅可以作为大学英语教学的补充、大大拓宽学生的英语学习渠道，还可以促进学生学习方式和学习习惯的改变。基于网络技术的教学可以通过使用音频和视频材料为学生创设生动真实的英语学习环境，为学生体验跨文化背景下如何恰当运用英语进行交际提供实践机会，同时增强学生的跨文化敏感性，满足学生个性化学习的需求。

第二，教学采用大班语言知识授课与小班口语技能操练相结合的模式。使用大学英语教材配套多媒体教学光盘进行大班语言知识授课，重点解决语言知识难点；对于需要学生进行口语操练的内容进行小班课堂教学，学生人数较少的教学环境便于教师组织需要学生参与度较高的教学活动，也有利于师生互动，增强学生使用英语进行交际的积极性。

第三，组织第二课堂活动，使课内外学习相结合。安排得当的课外活动为学生提供个性化的运用英语的机会，可以有效提高学生英语听说能力和使用英语的积极性。

三、基于建构主义学习理论的大学英语教学策略的构建

从过去的传统教学观念对大学生自主学习能力发展的制约作用可以看出，我国传统大学英语教学体现的是行为主义学习理论的思想。无论是教师讲授主导，学生被动接受的教学模式还是以强调语言输入，重视语言练习的应试型教学方法，都可以看到行为主义学

习理论中“刺激—反应”学习模式的影子。行为主义主导的教学思想最大的不足在于对学生在教学过程中主体地位的忽视。教师成为课堂的主导者，学生接收教师发出的信息，在大脑中对这一刺激做出反应，完成信息的传递过程。在大学英语的课堂中，这样一个过程实际是一个“被动刺激，消极反应，少量产出”的过程，学生对输入的语料信息进行加工、整合的能力，即在学习过程中进行主动建构的能力没有得到足够的关注。而学习者在学习过程中进行主动建构的能力反映的是学习过程的创造性维度，是人类思想特质的精华之一。

学习者的“主动建构”在行为主义学习理论中没有得到充分阐述，在由皮亚杰首先完善论证的建构主义学习理论中却成为核心思想。建构主义学习理论包括了一些完全不同于传统的行为主义学习理论的内容。建构主义认为学习过程不是也不应该是以学生被动接受刺激为主要特征的，教学过程的核心是学生而非教师，学生利用已有知识储备和知识建构的经验，通过与由课堂、教师、合作学习者和学习任务等因素形成的建构环境的良好互动，完成学习任务，主动建构课程知识体系和学习策略。建构主义对学习过程本身的阐释发生了明显区别于行为主义的变化，而且与教育部针对大学英语教学改革倡导的“发挥学生的自主性，提高学生英语综合应用能力”的精神也是一致的。利用建构主义学习理论对大学英语教学进行反思，从理论上对于厘清大学英语教学改革的思路和实施策略会达到事半功倍的效果。

通过运用建构主义学习理论对传统大学英语课程的各个教学环节进行思辨分析，不难看出传统大学英语教学基本属于“建构缺失”的状态。因此，在大学英语教学改革中，需要对这门课程的教学方式和理念也进行“宏观建构”，教师和教学管理者应该确保大学英语课程在教学环节设置上体现出个性参与、问题意识、主动建构、学生中心、师生互动、合作自主等特点。在这一基础上，大学英语课程的根本目标和学生英语综合应用能力的提高才能够在学生主动建构能力的持续进步中得到保证。建构主义的大学英语教学观反映了对行为主义教学理念的否定与扬弃，在基于建构主义思想的教学改革实践中，大学英语教学策略和教学过程的实践机制也因此发生了相应变化。

如上所述，建构主义学习理论不仅对大学英语教学改革的深化具有理论层面的适应性，而且对教改过程中课程教学的实践环节也具有参考意义。基于建构主义的教学理念，大学英语课堂教学应该是学生以语言为工具，在教师的辅助下，在多维教学环境下，通过主动建构的过程实现提升学生语言能力的目标。在师生互动的教学环境中，学生还是如在行为主义主导的课堂教学中一样，受到教师给予的信息刺激，不过在建构主义主导的课堂教学中，学生不再是“消极反应，少量产出”，而是利用已有的知识储备和学习经验，积极收集有效信息，主动建构对教学内容的客观规律与特征的积极、思辨理解。要在大学英语教学中实现基于建构主义的教学模式，教师至少应在以下几个方面做出教学策略调整，以应对教改深化的需求。

1.让学生主动建构意义

“主动建构”是建构主义教学理念的首要原则和特征，但落实到具体课程教学中的“主动建构”必须是具体的，且具有可操作性的学习活动。主动建构的直接目的实际就是通过个体参与，对学习内容的规律与特征的积极掌握。就大学英语课程来说，学生在教学过程中主动建构意义就是在教师的帮助下，在英语课程学习的过程中，根据自身的特质与需求，主动建构个性化的对英语语言知识体系的态度与能力。

在主动建构意义的过程中，教师和学生均需要首先转变对大学英语教与学的态度，需要认识并重视学生之间的个体差异。学生要在教师的帮助下对自身的学习状态和学习需求有一个充分了解，确定适合自身学业发展的学习目标，进而强化学习动机，提高学习效率。教师则应避免过度使用灌输式教学方法，将语法翻译法作为处理特定语料的必要教学方法。在教学环节中教师还要灵活运用任务法教学等其他的教学方法，调动学生结合已有的词汇、语汇以及学习经验，去主动解决新的学习任务。课堂教学中最常见的课文和习题等教学材料对于语言学习至关重要，教师应着重采用启发式的处理方法，避免使之成为被动刺激信息的可能。在大学英语口语类课程或口语教学环节中，学生更应该在教师的组织和激励下结合语境主动调动自身知识储备，主动建构交际场景中的对话内容与策略。课程作业是对课堂教学内容的总结，也是自主学习的基础和方向。在建构主义主导的大学英语课程体系中，教师应该充分挖掘作业对于学生主动建构知识体系的作用，利用不同形式的作业，尤其是要求学生结合已有知识主动解决问题的作业类型，让学生在自主学习的环境中，以强化练习的方式构建知识体系的客观规律。

2.以问题解决为教学基础

“主动建构”是建构主义教学理念的首要原则和特征，而“问题意识”则是建构主义大学英语教学的实践基础。在传统教学理念中也有问题的提出，但更多的是指教师在授课过程中提出问题，并带领学生逐一分析，逐一解决。学生是问题解决过程的参与者，但在很大程度上并没有带着问题意识对问题的解决进行主动、自主的思考过程。这一现象在大学英语教学中更为突出，教师在授课过程中往往并没有刻意培养学生的问题意识，学生带着接收教师语言信息输入的心理预期进入课堂，教师则希望通过对语言技能的反复操练，提高学生的语言能力和实际运用能力。长此以往，基于问题学习的意识就会淡化，学生的主动建构无从谈起，课程教学也会逐渐陷于“被动刺激，消极反应”的模式。

在建构主义教学理念中，学生在学习过程中的主动建构是以原有知识储备和学习经验为基础的，而建构过程中对这一基础的具体利用则是通过分析问题、解决问题、反思问题来实现的。学生的学习过程围绕问题与任务的解决展开，问题的解决是指学生利用原有的知识储备，结合已有经验，建构意义，建构知识体系平台的过程。教学过程中教师提出的问题或者设置的任务已经具备了建构环境的要素，是学生学习过程中主动建构意义的实践基础，对建构效果的影响非常明显。因此，教师在教学过程中要尤其重视教学任务的精心选择与设置，为学生布置具有启发性的教学任务，激发学生的求知欲和学习兴趣，促使学生通过教学任务与问题的解决，调动自身的学习资源，最终充分完成建构意义的过程，提高语言应用能力。

3.强调交互式教学过程

建构主义主导的教学过程以学生的主动建构为首要原则，问题解决为实践基础，但是不应忽视建构主义教学过程还是一个有多元因素参与，多变量的教学过程。在这一过程中教师、学生、学习任务（问题）、教室、教学技术设备等因素都参与其中，只有充分调动起所有因素发挥作用，这一教学过程才能顺利进行。在以上因素中，教室和教学技术设备是作为教学设施的客观因素，学习任务则作为教学实践基础为学生和教师建立了联系。上述因素中只有教师和学生是具备主动性和自主性的参与因素，因此，要调动所有因素发挥作用，需要靠教师和学生积极沟通，组织、利用其他教学因素，实施教学实践环节。师生之间这种交流沟通的必要性反映在教学方法的选择上就是要采用互动式教学开展大学英语课程的教学工作。

如前文所述，提升学生英语综合应用能力的重要途径是持续发展学生的自主学习能力，那这里的自主学习能力与课堂教学中的交互式教学方法是否矛盾呢？提升学生的自主学习能力确实是大学英语教学改革倡导的重要目标之一，但提高自主学习能力并非是指通过单独学习提高能力。自主学习能力的提高是教学过程的宗旨，但这一宗旨体现在教学实践中是自主学习与合作学习的共存，而且教师还需要通过与学生大量的交互活动组织课堂教学。在建构主义大学英语教学理念中，教师实施的是一种多维度的交互式教学过程，这一过程涉及学习内容、学习策略和学习动机三个层面，教师在课堂教学中通过与学生的互动交流，在三个层面分别为学生主动建构意义的过程提供帮助。

第三节 培养认知主义的学习策略

一、培养自主学习的认知学习策略

自主学习的基本特征决定了学生应采取的相应的学习策略。那么何谓学习策略？学习策略是一个多层次和动态的有机系统，主要分认知策略（cognitive strategies）和元认知策略（metacognitive strategies），二者都以学习方法为基本要素。学习方法是指向理解和指向记忆的学习知识和技能的最直接手段，涉及对学习材料的理解、处理、记忆和提取，因此，学习方法必须在认知、元认知（metacognition）作用下才能发挥有效作用，同时又在一定程度上作用于认知和元认知。

认知是人们认识活动的过程，指个体通过对感觉信号接收编码、对事物产生知觉、形成概念、进行判断或想象等的信息加工处理的心理活动来获取知识。认知过程是个体认知活动的信息加工过程。认知策略与信息加工和处理的过程相关。按照加涅的观点，认知策略是学习者对自己的学习、记忆与思维等认知过程进行控制和调节的方法，是学习者处理内部信息的能力和自我控制与调节的能力。认知策略具有两方面的功能，即有助于对信息进行有效加工和处理并进行分类存储和提取。认知策略的学习与运用受学习者整个认知水平的制约。运用认知策略，学生能够主动构建自己的学习，将已有的认知体验作为新知识的增加的起点，通过使旧经验与新知识的交互，形成新的认知体验，经过总结与反思，形成可感知的经验存储在记忆中，以满足以后的学习需求。

元认知是指个体对自己或他人的认知活动的过程、任务、目标、方法等相关知识和信息的认知，即是学生对自己的认知活动的自我意识和自我体验，是学生学习策略结构的核心和调节机制。在学习中学生对自己的学习行为有明确的主观能动意识和积极的自主学习动机，这些都是具有学习的自主性的前提和基础，同时，随着这种自主性的不断发展，其认知、元认知知识和经验也会不断丰富。

元认知策略是指在第二语言习得中学习者在学习时需使用一些方法和技巧对输入的信息进行加工处理和控制的过程，具体到自主学习实际中就是执行自己的学习计划，安排自己的学习时间，监控自己的学习过程，调节自己的学习步骤，预测可能会遇到的问题以及相应的解决办法，评估和反思自己的学习结果等。运用元认知策略学生可以合理有效地利用现有资源对接受的学习信息进行处理并做出较为准确的预测和判断，对自己的学习活动进行计划、调节、监控和反思，以达到最佳学习效果。学生要掌握元认知策略，首先应掌握元认知知识三个主要方面的内容，即对个人作为学习者的认识、对自己学习任务的认识、对相关学习策略及其使用的认识等。对个人作为学习者的认识就是能正确认识自己的个性特点的认识，包括正确认识自己的学习兴趣、学习习惯、学习能力以及自己的知识结构等，认识人与人之间在认知以及其他方面存在种种差异，以及有许多主体因素影响认知水平和认知活动等。对自己学习任务的认识是指学习者有关认知材料的各个方面，即他们的学习材料的各个方面，如材料的数量、质量、难易程度、结构特点等都会影响他们的认知活动的进行、认知活动的水平和结果。对相关学习策略及其使用的认识是指学习者认识到有许多认知方法和学习策略，并懂得将不同的策略运用于学习中。

元认知策略主要包括计划策略、监控策略和调节策略。计划策略用于对计划和安排学习活动，如安排自己的学习计划和学校目标，制定学习内容，预测学习中会使用的时间和出现的问题等；监控策略用于监控、评价和反馈自己学习方面发现的问题并及时改正，及时发现并解决学习中遇到的问题，寻找合适的答案或解决办法，对自己的学习活动进行调节和控制。学生运用调节策略主要是能够使自己及时调整学习节奏和学习行为，将已学知识和新学知识有效地整合在一起，经过认知处理，存储于长时记忆中。因此，学生的认知知识和认知能力对他们有效使用调节策略具有相当重要的作用，使用元认知策略进行学习的学生能够意识到自己在学习的某个方面可能出现的问题，并及时找出来加以修改，因此，他们的学习是积极的过程。要提高学生自主学习的能力，教师就应注重培养学生的元认知能力，同时有责任教会学生学习和使用元认知策略。因此，掌握元认知策略对改善学习效果起着极为关键的作用。

外语学习中对元认知及元认知策略的研究始于20世纪70年代，由美国心理学家Flavell首先提出元认知的概念。他认为元认知是“个体对于自己的认知过程进行主动的监测和连续的调节与协调”，是“反映或调节认知活动的任何一方面的知识或认知活动。”许多心理学家在他之后都根据自己的研究对元认知提出不同的见解。随着近年来对认知研究的视野不断扩展，元认知及元认知学习策略逐渐成为外语教育教学和外语学习研究中的一个热点。

二、内部认知与学生自主能动性的培养与发展

无论是学习还是工作，心理的认同与信仰都是最大的动力与最有效的保证。认知主义学习理论发现并提升了这一点，是学习个体通过强烈的内部认知表现出高度的自主能动性，产生了高效的学习效果。认知主义学习理论与行为主义理论相对立，源自于格式塔学派，从本世纪50年代的中期以后显示主导地位。美国著名心理学家吉尔伯特认为：“认知即是一个人‘了解’客观世界时所经历的一些过程的总称，是对事物的认识过程以及对这一过程的分析，包括领悟、感知、推理等过程，这个术语还含有‘意识到’的意思。”现代教育里要想理解的学生心理的核心问题是关于认知的构造。这一理论重视人在学习活动中的主体价值，在很大程度上强调了学习者的主观能动性，强调了学习中的意义理解、认知、独立思考这些意识

活动的重要作用，也更加强调人在学习过程中的准备工作。也就是说，学生的最终学习效果，个体自身的努力和外部刺激是一方面因素，而学习个体自身的能力水平、知识储备、认知方法及非认知的因素构成另一方面的因素。做好学习的学前准备是提高学习效果的前提；要重视反复训练巩固的作用，因为认知主义学习理论强调学习的主动自主性，所以，非常重视个体自身动机和在学习过程中逐步形成的强化状态；强调学习个体自主学习的创造性，学习发现论的观点就特别重视个体学习中的灵活主动和探索创造。它要求学生在学习过程中更多的要通过自身的观察、体验、思考、探究讨论等一系列自主学习过程，在独立思考中学会运用材料，从而掌握探寻知识的过程和方法。这便是探究性学习方法。这个过程强调通过自主探究过程本身来激发学生自身潜能，养成学生良好的学习动机和能力，从而在学到知识的同时养成创造精神。学习活动过程中的心理结构，也就是智力因素和非智力因素这两个大部分构成了学习心理。其中的非智力因素便是学习活动中的心理条件，智力因素成为学习活动的心理基础，非智力因素对学习发挥的是间接的作用，智力因素对学习起着直接促进作用，只有将二者密切结合，方能更好地实现学习的预期目标。

克勒在《猩猩的智慧》中指出，学习不是由刺激到反应的简单过程，也不是一次次侥幸试误，而是利用在学习过程中的体验完成对现实的一种体悟，是在有目标的积极主动的思考探寻过程中一种完形的实现。学习是反复探究中的顿悟，而不是通过一次又一次的实验错误来完成的。经过顿悟学会的内容，由于学习者在学习情境的观察中加深了理解，既能保持好，又能灵活运用，这是一种对问题的真正解决，与试误中的偶然的解决是不一样的。美国心理学家托尔曼指出，学习是一种有目的行为，要想达到学习目标，一定要认知学习条件。认知发现能发挥智慧的潜能，将外因变成内在动力，使学生学会积极发现而且有助于增强记忆。无论哪位大家的理论都在向我们昭示，内在的积极认同与需求会极大提高学生学习的自主能动性，从而在实际的学习运用中表现出极大的热情和极大的成效。

认知主义学习的基本特征告诉我们，知识是靠学生建构的，而不只是靠教师教会的。不能满足于“我知道”，更要追寻“我怎么才能知道”。认知主义学习理论具有积极性、目标建构性、累积性、目标定向性、诊断性和反思性。

著名教育学家苏霍姆林斯基在谈到有关学习的概念时认为，在学校里的学习不应该是那种毫无热情地把知识从一个头脑中转入另一个头脑中；学校里的学习应该是师生之间的心灵接触所产生的效果。要让学生乐知，首先就必须让其对知识感兴趣。兴趣越浓，求知欲望越强，学习的注意力就越集中。要让学生对所学知识感兴趣，调动学生积极的学习情感。学生对学习的积极态度和动机决定了他们学习效果的好坏和学习成功的可能性。学生有了积极的动机，就会用有意义的和积极的方式进行学习，而对输入的知识信息进行加工时，他们也会采取相应有效的方式，这样才能对知识有真正的理解，因为“个体的心理过程的变化与他的相应的实践活动过程的变化是一致的”。

认知主义认为学习是建构性的，学习是呈现积累性的，主张目标定向的学习。知识既不来自学习的主体（学生）也不来自学习的客体（环境），而是来自二者的结合。学生通过建构自己对事物的现象和关系的理解来进行学习。学习者在学习中必须对新信息进行加工整理并将其与其他信息关联起来，以便在保持简单信息的同时理解复杂信息。建构主义学习活动里所有新的认知学习过程都是以决定要学哪些内容、学会多少内容、如何学的方式建立在以前的学习基础上的。例如，在探寻疑难问题的过程中，总要先有一个原来知识的回顾阶段，在利用同化或顺应过程重建原有知识和新知识二者在结构上的联系，让认知的发展由原有的平衡状态发展到一个新的更高水平的发展平衡状态。因此，积极主动的学习是目标定向的学习。学生只有明确自己的目标并获得所希望的成果时，学习才是成功的。学习的目标形成于学习过程之中，与学习过程中真实任务有关。在实现真实任务的过程中，学生始终面对问题。所以，最根本的学习目的只能是在学生和教师、教学内容、学习环境的互相作用下产生。在变化发展的学习过程里学生确立自己的学习目标，利用不同的方法和途径来完成任务达到最终目标，并评定自己在达到目标中取得的进步。无论是教师或是学生，一旦明确了目标，那么整个教学过程就有的放矢了。

那么，如何对学生自主能动性进行界定呢？内部认知与学生自主能动性的培养应达到怎样的状态才是较为理想的呢？我们可以从以下几个方面来进行判断：

（1）自知为何而作，即动机问题。积极自主地自我学习，它受自我效能、目标、结果等因素的影响。有了明确而正确的学习动力与目标，便会在学习中表现出富有创造力的学习热情与行动创造。

（2）积极探寻如何去做，即学习方法问题。具有自主能力的学生会习惯性地或有计划性地运用学习方法，并自主选择和使用学习策略，让学习热情不仅仅停留在感情上，更能有的放矢地落实在行动中。

（3）自主、高效、科学地管理时间，自主在实质上是控制时限并做到定时、有效，懂得怎样计划与管理时间，使行动在有条不紊中充实地进行。

（4）从实际出发，认识自我。自主的根本在于自我意识、自我监控、自我评价等，涵盖情感、认知、行为各个方面。能够客观地认识自我的优与劣，努力做到扬长避短。

能否培养与发展学生内部认知的自主能动性关乎每个学生长远学习与发展的成败。教师要从培养学生自主学习入手，充分调动学生学习的积极性，发挥学生的主观能动性，教会学生如何学会学习、合作学习与探究学习。每一位老师都应该树立正确的学生观，尊重学生在学习中的主体地位，同时要用发展的眼光看待学生的学习能力，坚信每个学生都能够自主学习、独立学习，是不断发展与进步的个体，是学习的主体。教学中既要考虑到学科自身的特点，更要遵循学生自主学习的规律，注重从学生的知识基础和具体生活实际经验出发，让学生亲身经历自主、积极参与学习，注重培养学生的主观能动性，即注重培养学生的自主性、自觉性、积极性和主动性。在教学中有许多方法可以运用于培养与发展学生内部认知的自主能动性。

（1）激发学生内在的学习动机。正如航母的关键在于动力一样，首要任务在于激发学生内在的学习动机，使学习不再是他们的负担而是一种内在的需要，一种快乐的体验。兴趣是最好的老师。古今中外，无论学习哪一门学科，学习哪一种技能，都是由兴趣着手的。英语是一门语言学科，不是一两天就可以学好的。所以起始阶段就要注重培养学生爱学乐学的兴趣，这对今后进一步学习英语能达到事半功倍的效果。从学生的兴趣出发，通过激发学者对所教内容感兴趣，从而提高学生的学习积极性和自觉性，使学生自主积极参与学习，接受教育，从而达到预期的教学目的。比如，激发学生对外国的风俗文化感兴趣，对外国的语言感兴趣。因为，他们只有对外语感兴趣，才能提高积极性和自觉性，才会主动参与学习，接受教育，最终达到预期的教学目的。

（2）教会学生如何学习。信心源自挑战中的成功，而成功离不开正确的方法。所谓“授人以鱼，不如授人以渔”。面对知识爆炸的新时代，正确的学习方法加上饱满的学习热情远比有限的知识传授重要得多，因为它所带来的是不断充实的动态知识体。不但能学好眼前的知识，更具备了高度的学习自主能力，让学习相伴终生。

（3）在课堂上创设不同的教学途径。我们目前的教学管理为学生规定了全部学习内容和所使用的教材，同时规定了学习时间，在教师的教授过程中学生必须根据教师的思路去理解和建构知识，学生几乎没有发挥主观能动性的可能和机会，这样的教学效果无法满足现代社会的需要。按照现代教学理论的观点，学生的学习不能仅以单一途径完成，学生也不能单靠别人划定的现有模式完全地认识问题或按教师的思路和理念去认识问题解决问题。在实际教学中，教师应奉行以人为本的教育理念，通过采用灵活多样的教学方法来揭示问题本质的特点，让枯燥单一的问题变得更加丰富多彩、新意迭出，同时引导学生认识不同知识点的内在联系。

（4）运用多种信息源进行教学。任何知识都不是孤立存在的，而是存在于不同的情景中。教师应充分创设情境，潜移默化地使学生融情入景，以此引导学生将问题情境转化为学习情景。在解决问题的过程中，教师应努力做好辅导者、引路人，使学生充分调动多种信息源并从中找到解决问题的途径与答案。除了学习知识本身，更重要的是帮助学生树立自主学习与探究的信心和方法，学会综合运用身边信息来解决实际问题，养成内部认知的主动性，学会自主学习。比如，英语教学具有一定的阶段性，要经历感知、尝试、情景交际等一系列活动，让学生亲身经历探究知识，调动学生自主积极参与学习的心态。在教学过程中组织学生进行互动活动，有利于培养学生积极参与自主学习的习惯。通过多次的猜想，学生的思维不断深入，不断发展，不断主动建构自己的知识结构，享受到探索知识的乐趣。英语学习只有通过学生在情景交际中才能检验认知、体验情感，从中获取知识技能。情景交际需要学生自己积极参与，体验学习成功与否，让学生在动态的过程中感悟知识的生成，从而在这些过程中获得积极良好的经验，这也是需要培养学生主观能动性的依据。通过这一系列情景交际活动唤起学生的学习欲望，激发了学生的学习兴趣，让他们体验学习的乐趣，从而培养学生的主观能动性。

（5）倡导互助合作学习。学习的过程不光是在学知识本身，更是一种学习能力与情感的培养。充分重视学生自主学习的能力，给他们时间与空间，自主互助探讨研究，虽然会浪费一些时间，但重要的是充分调动了每一个学习个体的探究热情，使他们充分调动自我学习与思考的能力，使内部认知的需求达到最高。在这样一个情绪与智力都高度活跃的过程中，其学习效果必然是令人欣喜的。当然在这一个过程中，教师也要给予必要的指导与点拨，使学生的努力更加有目的性、更加高效。通过师生之间、生生之间积极共同学习讨论、探究思考甚至是争论辨析的过程，使学生模糊不清甚至是错误的认识逐渐趋向明朗正确。正是在这一过程中充分培养了学生的合作探究精神。这种精神不仅对于学习有用，尤其对于日后走向社会面对竞争也是十分重要的。

（6）积极的自主监控学习。能够自主监控自己的学习表明学生有能力践行自主学习。认识一切的事物都必须通过自主参与探究，并不断反思总结才能得以完成。学生通过自我监控—自我检查—自我诊断来检省自己在学习中所追求的是否与自己设置的目标相符。通过反思总结，可以满足学生的成功感，消除对学习的焦虑情绪，让学生的学习积极性和自觉性在学习中自然而然地养成，从而培养学生的主观能动性。教师在实际教学中经常给学生安排和设计跨文化背景中的语言学习任务，让学生在学习和操练语言知识的过程中运用适合自己的方法和策略，并自主监控和反思自己的学习效果，以达到知识建构的目标。此外，反思总结还可以把学生解决问题的思维上升到一定的深度，形成一定的认知策略，养成学习的方法，从而提高认知能力。

（7）及时评价学生的学习。加涅提出“学习的每一个动作，如果要完成，就需要反馈”，所以，及时评价在学习中是非常重要的。为了使学生得到及时反馈信息，老师要最大限度地及时准确地将自己的评价告诉他们，也许是老师的一个微笑，也许是老师的一个眼神，也许是一个有进步的分数，也许是为其安排更高层次的学习，都会给学生莫大的支持与鼓励，从而使其正确的行为达到强化。每一次及时的反馈无异于一次冲锋后的加油打气，让每一位学习道路上的勇士以更加高涨的战斗热情去迎接更大的挑战。素质教育提倡“以人为本”的教育观念，也就是一切以人的发展为本，对学生进行综合评价，看到每个学生的长处，看到学生每个方面的闪光点。在教学中试着从不同层面、不同的阶段、不同的角度对学生进行评价。在课堂教学中创造出一种宽松愉悦的氛围，使学生们在老师和同学的鼓励中大胆地积极探索知识的奥秘，既学知识更找学习方法，这样才会不断提升效果。总之，在教学中要从获取知识转变为关注人的发展为目标，要突出学生的主体地位，树立正确的学生观，用发展的眼光看待学生，相信每个学生都能够自主学习、独立学习，是不断发展与进步的个体，是学习的主体。

（8）运用现代化手段教学。将多媒体网络引入教学，充分利用网络平台的交互性、即时性、直观性、丰富性、趣味性、共享性等特点，无疑是充分调动学生内部认知，培养其学习自主能动性的好方法。互联网是一个巨大的资源库，可以将更多的优秀教育资源为我所用，从而更好地提高学生的学习兴趣，将外在要求转化为内在需求。网络信息资源丰富、交互能力强大，学生可以迅速获得所需信息资源并自主进行筛选、思考、运用，以得到更好的自主学习效果。通过网络，师生也获得了充分交流共享的机会，使得教学互动更加流畅。学生可以及时反馈信息，教师也可以及时根据情况调整教学方案，并有效利用网络的强大资源。学生与学生之间也增加了交流切磋的途径。在学习过程中，学生可以随时跟进自己成效，进行及时有效的调整，更好地提高学习效率。空间上的限制也得以破解，更为方便、密切的交流互动可以使得师生双方充分发挥自主能动性。教师由原来的以教师为中心的讲解者转化为学生学习的组织者和监督者。个性化学习就是学生根据自己的需求及兴趣自主选择学习的内容，同时，教师根据学生的个体差异给予个性化指导，有助于培养学生独立获取知识和创造性的思维能力。

（9）联系实际、大胆创新。创新是一个民族的灵魂，是一个国家兴旺发达的不竭动力，也是一个人成长所需的重要能力。创新从何而来，那就是积极自主的学习与思考。面对日趋激烈的国际形势，青年学生是祖国的未来，民族的希望，将来要肩负建设祖国的重任，创新的希望寄托在年轻一代身上。因此，培养学生的创新精神和实践能力尤其重要，这是目前国家倡导的素质教育的要求，培养创新和提倡创新应该是发挥学生主观能动性的精神所在。教师在教学中，应潜移默化地鼓励、激励学生多动脑、多动手，勇于挑战，勇于质疑，不受框框束缚，打破常规，做新一代的引路人。在自主认知思考中收获更多的知识与能力。

（10）关注自主学习过程，激励“自力更生”。老师在课堂上要不拘一格、大胆放手，使学生充分调动自己各种感官投入其中，让学生从各方面参与讨论、观察、思考、实验的过程。教师关注学生的参与方式并提供多样化内容。教师作为学习主导不仅表现在课堂讲解的精准，更要关注课堂及时反馈信息的随即应变能力上。客观而不失热情的评价是教师对学生反馈的一个重要方法，他不仅让学生知道了自己的足与不足，更让学生很好地保持了学习的主动性，并要学生自主地去解决问题，靠自己的能力发现问题并加以改正。

此外，在培养与发展学生内部认知的自主能动性中，要求教师厚积薄发、广采源头活水。虽然学生是学习的主体，教师是活动的主导。但主导的作用不容忽视。相反，这就要求教师拥有极高的教学经验与水平，能在工作中化繁为简、举重若轻。使学生在收获知识中体会到学习的轻松与快乐，养成良好的学习习惯与学习意志。一味灌输的学习方式已经不适应时代的需要，学生的意识也不能以一张白纸来简单化，这是一个多变多元的过程。光有改变的热情与愿望是不够的，这需要教师一方面努力学习借鉴，将各种先进的教学理念融会贯通并努力实践；另一方面不断在实践中摸索总结，找到因地制宜、因材施教的好方法。总之，作为新时代的教师必须更新理念、勤于学习、大胆改革，积极培养学生学习的自主能动性，使其不但学会，更要会学，学生会快乐地投入到自主学习中去。

三、学生创造性思维与创造性学习能力的培养

1.学生的创造性思维

创造性是人类最有活力的个体行为，是一个民族的自主之本，也是科学研究的生命线。对于整个社会发展以及科学的进步来讲，创造性起到灵魂的作用。学校如何在自主学习的理论基础之上，进行改革人才的培养模式，继续进行深化的教育和教学的改革，全面加强学生素质培养，更加注重对于创造性的思维能力的培养，让培养出来的人具有较高的素质、富有较强的创造力，在建构主义的理论知识上，对自主学习进行发扬，培养出能适应知识经济的社会发展需要。在介绍了自主学习以及建构主义之后，我们下面介绍的是什么是创造性的思维以及创造性学习是什么。

创造性学习（creative learning）的概念是西方两种心理学理论研究的产物，是在由吉尔福特（Guilford，J.P.）提出的“创造性思维”和布鲁纳（Bruner，J.S.）提出的“发现法学习”的研究基础上形成的。要进行创造性学习，首先必须具有创造性思维。那么何谓创造性思维？

创造性思维就是对事物从新的角度进行原创性的思考，用原创性的方法来解决问题，形成富有新意的、独特的和有实际价值的观点或见解。其特点是新颖、独特而又正确有价值。创造性思维的形式很多，其中最主要的形式之一是发现和激活发散思维（divergent thinking)，英语课堂的教学内容中的阅读理解和听力理解教学、写作教学等都为训练学生的发散思维提供了很多时空。学生在自主学习的过程中如果具备了创造性思维的能力，就会使自己的学习成功有

效，因为学生只有在原有的知识经验和新学到的知识经验之间建立了丰富的联系，他才能对新知识形成全面深层的理解，并形成完整的知识结构，在此基础上学生才能产生创造性思维。

要培养学生在大学英语学习中的创造性思维，最合适有效的方式之一就是利用现代化媒体信息技术及资源，通过情景的创设，辅以一些教学策略的使用，让学生在更宽广的视角下打开思路，由此产生的多种思考方向会增加他们思维的广度。学生对语言知识的好奇心和浓厚的兴趣被激发，以此为先导，他们就有了开阔的视野和积极的学习动机，这使他们更加善于对新的知识信息进行加工重组，产生创新性思想。只有这样，学生的创造性思维才能够得到真正的培养和发展。要使学生的自主学习能力可持续发展，培养他们创造性思维的能力是一个重要的环节，同时也为他们进行创造性学习打下坚实的基础。

所谓“发现法学习”，是指由学习者在学习过程中自己发现问题和解决问题的一种学习方式。在英语课堂教学中表现为，教师就教学内容向学生提出一些问题，然后指导学生通过搜集相关资料，进行独立思考，达到理解后“发现”解决问题的办法或答案。“发现法学习”可以让学生经过独立思考和反思，独立解决学习中的问题。学习中的成就感可以激发学生的学习兴趣和学习动机。

2.创造性学习

创造性学习是在“创造性思维”和“发现法学习”等研究基础上发展而来的，创造性学习与传统的维持性学习（maintenance learning）相对。“创造性学习”是学生对当前输入的知识信息进行加工、处理、重组，并对其进行改变、更新的学习。它更适用于开放的学习环境和宽广的知识范围。

首先，创造性学习强调学生在学习过程中的主体性地位，学生具有能动地安排自己学习、掌控自我学习的能力，有独特、系统且高效的学习方法，富有创造性的学习习惯的养成表现了学生能动的自身组织和管理的能力，一个人学习的习惯是否具有创造性，往往与他的知识结构和智力水平有着较为直接的关系。创造性的学习习惯可以保证高效的、具有创造性的学习方法的持续使用，从而形成自己稳定的、个性鲜明且具有创造性的学习风格和学习方式。因此，要使学生自主学习能力可持续发展，就要主张学生养成进行创造性学习的习惯，在学习过程中要学会自我创设富有创造性的学习环境，激发学习的兴趣和动机。学生在英语知识的认知活动和英语技能的实践活动中，对自己的反思和评价的水平是从他们的自我意识监控中所表现出来的，他们是否具有批判性分析的能力，体现着他们分析问题和解决问题的能力水平。心理学研究结果显示，创造性思维与拥有自我的概念相互关联。一个具有创造性思维的人一定是一个自我认可并且具有相当的独立性和自主性的人。因此，在自主学习模式下，学生应该是能够自我指导、自我管控、自我激励的学习者，良好的富有创造性的学习习惯对促进学生自主学习能力的可持续发展至关重要。学生由于其年龄和身心发展的特点，其学习习惯的养成需要教师不懈的指导和监督，如果他们拥有了诸如课前预习、课后复习、独立作业、课外自学、用英语思维等良好的学习习惯，就能真正发挥其在学习过程中的主体性，保证其学习具有创造性。

课前预习和课外自学可以有效培养学生的自主学习能力和自主学习的习惯。这两种灵活多样的学习方式，可以有效补充和延续学生的课内学习。特别是英语这种课程，课堂上的知识容量、练习机会毕竟有限，更需要在课后通过电视、广播、网络等媒体创设相关的语言环境和实践练习机会。英语学习最重要的是学生能够养成用英语进行思维的习惯，否则，学生无法学会和使用地道的英语。因此，在大学英语的教与学中，始终坚持以学生为中心、教师为主导、教师辅助、师生合作的原则。英语课堂教学具有开放式的特点，教师设计、组织和指导教学活动，学生根据要求积极参与，配合教学内容与教师进行课堂互动，体现教师的主导作用和学生的主体地位。一方面，实践证明，按照语言学习的特点和规律，英语教师要进行创造性思维教学，最好的方式是采取大班教学与小班教学相结合的形式。大班教学主要是运用启发式教学方法，以教师讲授语言知识为主，学生参与讨论、交流，学生主要以师生互动、生生互动的形式参与思维活动。小班教学主要是合作性教学和学习。课堂活动中，学生根据教师或学生创设的情景，与同伴或更多学生进行讨论、争辩，最后达成共识。小组教学活动既训练了学生的英语应用能力，又发展了他们的创造性思维。因此，具有创新意识的英语课堂活动为学生提供了发挥创造性思维的机会，教师要多为学生提供积极参与课堂活动的机会，使他们能够把自己创新的观点转换成积极的语言行为，在语言活动中，学生的创新意识和思维被激发，创造性的英语表达能力得到充分发挥。另一方面，教师应随时注意借助教材内容的情感信息，唤起学生在情感上的共鸣，提高学习兴趣。学生在教师的指导和设计下进行语言知识点认知活动和语言技能的实践活动，恰当的有创造性的课堂活动会使学生看到自己在学习中的收获和进步，并从学习活动中得到满足感和成就感，学习的自信就会得到增强，这对他们学习动机的激发非常有利，因此，创造性的教学活动可以诱发积极的学习动机，产生求知创新的内驱力，这是创造性学习的前提。教师要懂得在教学中运用创造性的教学思想和学习思想，开展创造性思维训练，激发学生的信息潜力和对学习的自信心，重视鼓励学生进行创造性学习，加强学生是学习的主人的观念，因而强调学生学会学习是非常重要的。

其次，创造性学习倡导学生在学习中学会学习，学会并使用各种学习策略对知识进行积极的探索性学习，对学习结果主动进行反思，这是训练学生进行创造性思维的根本。在英语自主学习中，学生最首要的是学会学习、学会自我管理和自我控制，因为，要形成一种独立学习的方法，这是比获得知识更为重要的事。这就需要学生能够熟练掌握和灵活使用各种学习策略，也就是说，学生必须懂得自己要学什么、为什么要学、用什么方法学、在何时何地学习效果最好、学习要达到的目标是什么等，并在学习和语言实践中不断对自己的学习进行反思、评价、总结，形成新的知识结构。

另外，创造性学习要求学习者善于运用良好的英语语言思维习惯，主动找寻独特视角和独特方法来发现问题和解决问题，并勤于总结，以此建立创造性的知识结构和创造性的个性特征，从而逐步具备创新能力。

在英语学习中运用的主要的思维方式有定式思维、抽象思维、形象思维、逆向思维、发散性思维等。要培养学生的创新性思维能力，教师在教学中应注意对学生进行多种思维训练，以增强他们的创造性思维能力的发展。在教授学生学习英语基础知识、语法规则时，教师可以引导他们使用定式思维方式充分发挥其记忆能力在语言的语法规则等的学习中的作用，重复的次数越多，学习越有效，会使学生熟记和掌握这些语言知识，并熟练运用于语言实践中。

学生抽象思维能力的培养可以通过教师在教学过程中创设具体、形象的教学情景，让学生对语言知识知其然，也知其所以然，这对学生知识的形成起着重要的作用。培养学生的形象思维，可以帮助学生在学习英语知识时，能够将平面的、意义抽象的文字符号转化为立体的、具体直观的形象，从而使他们对所学内容理解得更加全面、深刻，记忆更长久。

由于受人类认识规律的影响，学生在学习和思考问题时一般习惯于正向思维，当他们学习一个新的概念或解决一个新问题时也是如此，因此，加强逆向思维能力的培养，对拓宽学生解题思路和提高解题速度都有很大帮助。创造性思维的核心在于思维独特性和立异性。实践证明，教师在教学中适时利用逆向思维，可以独辟蹊径，帮助学生掌握教学难点和疑点。

发散性思维是创造性思维的主要内容。教学中进行发散思维的训练，可以激活他们的发散性思维，培养他们的创新能力。由于发散思维方式不受任何知识和习惯的局限和束缚，在教学中教师引导学生运用发散思维调动自己的原有知识信息，学生易于突破定式思维，使已有认知与新知识结合，接受并创造性地运用新知识。在教学中，教师可以通过对教材内容、涉及观点进行分析、设计一些问题等方法来训练学生的发散思维。富有创新性和从多角度设计问题的教学活动可以训练学生思维，引导和鼓励学生思维的求异性。学生善于摆脱定式思维的影响，形成从各种角度分析、理解和解决问题的习惯，使思维变得灵活而富有独特性，并善于以新颖独特的角度观察问题，展示其独到之处。

因此，教师只有运用丰富多样且有效的教学方法才能培养学生的创造性思维能力。而训练学生进行创造性思维、培养他们具有创造性学习的能力，对培养学生自主学习能力的可持续发展具有促进作用。

总之，创造性的学习活动所追求学习的目标是与众不同的。在学习的内容上，创造型的学生不满足对于教学的内容或是对教师所阐述的问题所存在的记忆，许多学生都喜欢对于未来的世界进行一个探索；在学习的道路上，创造型的学生对词语或是符号则会特别的敏感，可以在与别人的交谈之中，利用所有的机会来捕捉问题，同时发现问题；在学习的目标上，创造型的学生不仅可以获取课内外知识，还可以有高度求知自觉性以及具备一定的独立性，还能获得非同寻常的观念，并会具体分析，而后批判地吸收。

四、元认知学习策略的培养与自主学习

1.元认知策略与自主学习的关系

大量的教学研究和教学实践表明，无论哪一门学科的教学除了对学生掌握知识与运用能力的培养以外，更不可或缺的便是对学习策略的培养，进而形成其自主学习的能力与习惯。这是一种长远的教育观，但它也直接影响着实际的教育教学效果。随着素质教育的深入发展，在现代化的教育中，如何使学生更加科学、高效、省时、省力地快乐学习越发显得重要。而要解决这一问题必须有完善的学习策略。但无论哪种学习策略都要有完善的理论体系作为支撑。元认知学习策略便是学习策略中重要的理论支持。因此，培养学生的元认知学习策略，使其学会自主学习，是一项重要的要求。

“元认知”的概念最早出现于20世纪70年代，由美国心理学家弗拉维尔首先提出。在他的元认知理论中，元认知是“为了达到认知目的而进行的积极主动的监控和对认知过程所做的调节与协调”，元认知是主体对自身认知的认知。主体在元认知的过程中所使用的各种策略统称为元认知策略。元认知策略是改善学习效果的关

键。元认知的策略包括计划策略、监控策略、调节策略。它是学习者在对所完成的任务及相关因素进行分析的基础上，管理学习资源，选择学习操作和对学习过程进行有效调控的策略。元认知策略在学习活动中起着重要作用，是影响学生学习成绩的重要因素之一。

计划策略是对自己学习活动的事先安排和计划，如设立目标、产生疑问、计划如何完成任务等。不论是应对考试，还是日常写作业，学生都应该有一般的“计划安排”。聪明的学生取得好成绩不仅仅是靠埋头苦读，不只是机械地上课、写作业、听讲等，他们善于规划自己的学习，如完成某项任务所需时间、资料准备等。在考前会根据自己的情况有的放矢的安排，灵活运用多种形式展开学习。总之，在学习的过程中，他们不是被动的承受者，而是积极的行动者，他们是自己学习的“主人”。

监控策略是学生在学习过程中及时对自己的学习行为进行监控，进而能随时发现、调整、改正所出现的问题，并及时做出评定与反馈。监控策略会更好地保证实施最初的学习计划，从而取得较好的学习效果。还有一种监控策略叫作集中注意。在同一时间内，人不可能全神贯注地同时思索不同的事情。在高度注意力保证下的学习才是最高效的。调节策略与监控策略密切相关，相得益彰。只有准确及时地发现问题才能更好地改正问题。

在学生的学习过程中，元认知的作用主要是起始和终止学习行为，引发学生从多个角度思维，根据学习内容的难易程度灵活选择和调整学习策略使之达到最佳学习效果。实际学习中，学生元认知水平的程度决定其学习自主性的程度和学习能力的强弱。元认知水平较高的学生，一般具有较强的学习自主性和计划性，并对知识的领悟能力较强，善于安排并践行自己的学习，进而具有一种强大的自主学习能力。

元认知策略的重要性显而易见，但元认知不是人与生俱来的，而是在长期的学习活动中逐步发展起来的。在有关大学英语教学和学习的实证研究中可以看到，有些学生没有成功完成其学习任务的主要原因是他们没能很好地选择和采用适合自己学习内容和学习条件的学习策略，而并非他们缺乏具体的认知策略和运用能力。因此，对学生进行元认知策略的训练是培养学生自主学习能力的一个极为关键的途径。教学的重要目标之一是培训学生的学习策略和自主学习能力。这在外语教学中表现尤为突出。从二者的概念上分析可以发现，元认知和自主学习在很多方面的主张是一致的，都强调学习者的学习自主性和对自身学习的监控、调节和评估的责任。对于学习者来讲，元认知策略和自主学习之间是相辅相成、互为前提、互相促进的关系。正确理解和运用元认知学习策略可以帮助学生提高自主学习能力。让学生学习有关元认知策略的知识可以使他们掌握正确的学习方法，有助于他们树立自主学习的观念和信心，培养学习的自主性。

元认知学习策略与自主学习能力的培养关系密切。学生们在学习实践中对于元认知学习策略以及自主学习的理解和掌握程度上，仍然存在一些不足。具体表现为：首先，学习计划不足。往往为了完成老师或家长的要求而被动接受这样或那样的学习任务，机械应对。缺乏依据自己实际情况而用心制订的计划。这也进一步影响了学习的效果。其次，课堂学习效率不高。课堂利用率低，课前缺少必要的预习，课堂活动的积极参与程度不高，甚至有时思想上开小差。没有了高效率，课堂状态被动机械，不能很好地抓住重点和找到自己相对应的问题，使学习收获大打折扣。再次，不能有效地运用学习策略。在学习英语中，认为仅靠努力记忆就可以掌握英语技能，缺乏长远性的学习目的，不知道学习英语也需要使用学习策略。最后，自我评估不够。自我评估需要每周对自己进行一次，检查学习自己所设定的学习计划是否科学、方式是否得当。而目前大部分学生自我评估的方式仅仅是简单在大脑中回想一下学习内容而已。

2.如何培养学生运用元认知学习策略及自主学习的能力

国内大量的研究与实践表明，对学生进行专门、科学的元认知策略训练，可提高元认知水平及自主学习能力。社会在发展，时代也在发展，要适应社会和时代，人们必须拥有终身学习的能力，以利于不断自我发展和提高。因而，教育改革的关键就在于教会学生自主学习的方法，即使当学生离开学校融入社会，独立自主学习，也可以得以持续发展不断进步。21 世纪是个信息社会，知识膨胀的社会，知识更新的速度加快，越来越多的知识在毕业后还在不断更新中，每个人必须通过自学获得。培养自主学习能力也就尤为重要。掌握元认知策略的学生易于由被动地学变为主动地学，由消极地学变为积极地学，从而真正进入学习进行自主学习，取得成绩。元认知学习策略与自主学习能力的培养，既要立足于学生当前的学习同时着眼于学生未来的成长学习。

（1）制订切合实际的学习目标与实施计划。运用元认知策略包括设定学习目标。教师可以根据入学测试或期中、期末考试的成绩帮助学生正确认识自己的学习现状，帮助他们找出差距并分析其原因，并有针对性地制订符合个人情况的学习方案，选择适合自己的学习方法，实现自己设定的和课程要求的目标。合理而又明确的学习目标与计划，本身既是一种良好的学习策略，更是一种积极自主学习的实践。确定了大的正确方向，还可以根据实际灵活采取多样的形式、不拘一格地激发学习动机、确定学习计划和预期成果等。

（2）践行自我监控，确保学习计划与目标的实现。教的目的最终是为了不教。没有人能辅助学生一生，因此，要培养学生自主学习的元认知学习策略就要引导学生努力做好学习中的自我监控。计划制订后，就要按部就班不折不扣地认真实施，并能根据实际情况对计划及时进行调整和扬弃。学生可以通过日记或学习记录的方式整理评价自己在一节课或一个阶段的各项学习的得与失，比如，取得了哪些收获，还有多少内容不太清楚，比以前是进步还是退步了，有没有按照自己原来的计划顺利进行，还有哪些内容需要完善。也可以通过做好考后总结，及时分析自己在当次测验中的得失并确定以后的努力方向。长期记日记可以不断提高自我监控能力，此外还可以建立学习档案。建立学习档案的方式内容是灵活多样的，学生可根据自己的学习实践量身打造，如书法、作文、作业改错记录、笔记等自选若干篇，整理成册；课外拓展阅读、个人录音、听力训练、电视广播摘要、浏览杂志、整理新鲜的词汇等内容记录；自制图片、卡片、绘画、贺卡、手工等内容记录。总之，要通过灵活多样的形式全面客观科学地记录自己的学习实际，达到积极自主的自我监控。

（3）创设并保持最佳学习状态。进行自主学习的一个重要条件是学习者能够准确对自己的学习做出自我评价。学会评价自我的学习，使学生更好地养成对学习、对生活的责任感，使他们学会思考，及时发现自身的优缺点并做出及时有效的调整，在这一过程中也让学生懂得反思，不断向更高的目标努力迈进。而且还可以指导学生写好学习日记，同时试着学习在课堂的自我评价。这样利用同学与同学的交流、老师与同学的交流及时在课堂上做出调整。恰当的自我调整能使学生恰当而及时地纠正或完善自己学习中的各项内容，例如，及时排除学习中的障碍，及时调整思路、修正错误，或根据教师和学习同伴的评价适当调整在学习过程中的方法策略。学生要明确自己的现有能力，自己取得的进步，自己还能做什么或不能做什么，否则便是缺少目的性的学习。如果学生学会自我评价，他们便不会仅仅依赖于老师的评价，而且也会对老师的评价理解更加透彻和到位，同时对于老师评价中不太准确的部分也可以做出正确的解析。此外，这也能使老师更加了解学生的学习需要。学生具备了正确的自我评价的能力有利于增强其学习动机、消除其学习焦虑。如果学生没有正确的自我评价，便会在实际的学习中迷失奋斗方向，进而导致学习失败。首先，可以训练学生自我评价学习计划的完成情况，例如是否认真地制订了学习计划；是否认真按时按计划地完成了学习任务；学习计划的内容是否适合实际学习水平；在完成学习计划中，自己最成功和最不成功的地方是什么等等。其次可以帮助学生设计自我评价表，让学生学会自我评价，如通过一定阶段的努力学习所取得的收获；在学习中遇到的问题；存在的不足之处；如何改变或更新自己的学习方法；需要老师给予的指导等。这样学生能够逐渐具备客观评价自己学习的能力和反思自己学习的能力，最终具备自主学习的能力。

（4）学习方法上的指导与学习情感上的支持并行。作为自主学习的探索者，不能奢求学生在运用元认知学习策略积极自主学习的过程中一蹴而就。出现问题与不足是正常的。这时学生除了需要老师知识方法上的指导外，更需要老师情感上的交流与勉励。这种情感上的勉励不是哪一种具体的学习方法指导，但它却能积极影响促进任何一种学习方法的改进与实施。学生结合自我评价、教师评价、同伴评价，客观地了解了自身问题。对于学生学习中的具体问题，教师要有针对性地给予分析和指导，并在学习方法和学习策略的选择方面进行引导，启发学生自行解决。此外，教师更要在情感上给予强有力的支持。缺少激情的努力必然是不能长久的。

（5）引导学生发挥其学习主体的作用积极参与教学过程。新的教学模式倡导教学过程以学生为主体、以教师为主导。教学中教师的主要任务是组织和管理课堂活动，让学生自主地发现、分析和解决问题。实际教学中，无论结果怎样，学生都会全力投入，以主人的态度和意识参与其中，这也正是学生积极自主学习的过程和自觉运用元认知学习策略的过程。

（6）培养学生课外独立学习的能力。课堂的时间和容量终归是有限的，真正的无限学习在课堂以外的生活。准确地说，课堂学习更多的是教给学生展开无限课外自主学习的方法和基础。教师应该让学生充分认识自主学习的必要性，根据自主学习的原则和要求去具体实施，摆脱应试和学校课程的限制，真正成为教学的主体和学习的主体。就英语学习来讲，自主学习还可包括自主学习网络在线课程、参加第二课堂活动、阅读英语原著、英语报纸杂志、聆听英语歌曲等多种灵活多样丰富多彩的形式，这些活动有助于在潜移默化中培养学生的自主学习意识。

综上所述，将建构主义学习理论、元认知学习策略等先进的教育教学理念运用于学习实践之中，是每一位教师义不容辞的责任，是每一位渴望成功的学生必需的基本要素之一。运用元认知策略培养学生英语自主学习能力，可以使学生在进行自主学习的同时，对自己的学习效果进行反思和评估。学生对元认知知识的了解和掌握，也有利于养成良好的学习习惯，确保提高学习效率，形成较强的自主学习能力。因此，具备元认知策略和技能是具有自主学习能力的保障。这其中有两个主要原因。首先，培养学生建立元认知意识可以增强他们运用元认知策略进行学习的敏感性和自觉性，建立其自主学习的观念和意识，并能自觉地在学习过程中积极进行监控、反馈及调节，以便快速有效地达到教学目的。对学生进行元认知策略训练的方式主要有两种。一种是把元认知策略的训练渗透到教材的讲解中；另一种是把元认知策略的训练渗透到语言教学和语言训练过程的每一个环节当中，通过演示某些元认知学习策略，教师可以引导学生认识并将这些策略应用于学习中，将元认知理论贯穿于英语教学的全过程，逐步树立学生的自主学习意识。其次，建立元认知意识、运用元认知策略，学生能够切合实际地自主制订学习计划和学习进度，设定学习目标，并按计划运用适合自己的学习方法完成学习目标，逐步取得较好的学习效果。此外，教师将元认知策略贯穿于教学过程的始终，可培养学生对自己的学习自觉监控、自行评估并及时反思的习惯，促使学生随时掌握自己学习的进展程度和学习效果，帮助学生监控与调节自己的学习，及时发现问题并调整学习计划。自我评估的目的就是使学生能够随时掌握自己的学习情况，及时调整和改进教学和学习中出现的问题。

总之，元认知策略的培养对于提高大学生英语自主学习能力有着极大的推动作用。因此，教师在日常英语教学中应该注重学生的元认知策略知识的灌输，从而切实提高大学生的自主学习能力和英语综合应用能力。

第四节 传统课程设计中促进自主学习的方法

从过程的角度讲，外语自主学习的本质就是学习者有机会、也有能力控制自己学习的某个方面，或者某些方面，甚至所有的方面，并因此提高语言水平。促进自主学习就是采取一定措施，营造有利于自主学习的社会环境，提供有利于自主学习的物质条件，尽一切可能提供这样的机会。下面我们对菲尔·本森 Phil Benson （2005：109-176）促进自主学习发展的六种方法予以评述，在此基础上提出“基于个体差异的课程设计原则”。

一、基于资源的方法（Resource-based Approach）

Phil Benson 提出的基于资源促进自主学习的方法实际就是利用自便学习中心为自主学习提供服务和保障，学习者有机会控制学习计划、学习材料的选择和学习结果的评估，换言之，学生有机会根据自己的实际情况制订学习计划、选择学习材料、参与或者独立评估学习结果。选择的机会和自由对于促进自主学习能力的发展至关重要，因为学习者在与学习资源进行独立互动的过程中提高了管理自己学习的能力，不过，这一点没有得到广泛认同。

2004 年，教育部颁布实施《大学英语课程教学要求（试行）》以来，各试点学校相继建立了规模不等、形式多样的自主学习中心，近几年，非试点学校也开始重视自主学习中心的建设，为学生开展自主学习提供方便。实践证明，自主学习中心只是为自主学习提供了环境和条件，不一定能促进有效的自主学习，不一定能帮助学习者提高语言水平，还需要辅之以很多条件和前提。

二、基于技术的方法（Technology-based Approach）

这里所说的技术一定与教育有关，是指教育技术，现在习惯称信息技术。宽泛地说，凡是记录和传播知识与信息的手段都可称为教育技术，教育技术是一个动态发展的过程，所指内容随着科学和技术的发展在不断变化。历史上，竹简、绢书也可称为教育技术，在我国作为知识传播的手段，为文化和教育的发展发挥了重要作用，20 世纪后期，录音机、录像机在当时的语言教学中也是先进的教育技术，当前，现代信息技术在教育中发挥着越来越重要的作用，智能手机、MP3、MP4、iPad、计算机和互联网等技术已经普遍进入我们的生活，成为教育和学习的一种重要手段。

Phil Benson 所指技术是计算机技术，基于技术的语言学习就是我们常说的计算机辅助的语言学习（CALL，Computer-assisted Language Learning），从教学的角度讲，也称为计算机辅助教学（CAI，Computer-assisted Instrucion ）。相对于之前的教学手段而言，计算机技术在语言教学和语言学习中的应用使语言教学和语言学习更直观、更符合语言学习的特点和需要。当前，计算机技术也是构建基于资源的自主学习的重要手段，在很多方面都与基于资源的方法有很多相似之处，Phil Benson 之所以把计算机辅助语言学习从基于资源的自主学习方法中分离出来，主要强调两者在提供资源方式方面存在着区别。基于资源的自便学习中心提供的学习资源主要包括：录音带、录像带、计算机软件和各种各样的纸介学习材料；还有录音机、录像机、计算机等相应的播放设备。自便学习中心也有自己的网址，提供互联网服务。此外，自便学习中心通常设立一定的区域方便合作学习、小组讨论、教师提供咨询和指导。

笔者认为，区分两种自主学习支持方式的原因还在于两种方法使用的学习情境也存在不同，计算机辅助语言学习既可以在课堂教学环境下使用，也可以在课外学习环境下使用，而自便学习中心基本是为学生课外开展自主学习提供场所和必要的条件。国内大学英语教学中的自主学习中心是学生课外从事自主学习的主要场所，以大学英语教学平台为依托，通过计算机向学生提供学习材料，一般不提供其他形式的学习条件和学习资源，很多学校的自主中心不能现场为学生提供及时有效的指导和帮助，与 Phil Benson 描述的 self-access center 有很大区别，因此，笔者更倾向于称我们国内这样的学习场所为自主学习中心，而不是自便学习中心，因为国内大学英语教学中提供的选择和服务还比较单一，不够丰富。国内大学英语教学中的自主学习中心象征意义远远大于实践意义，除了提供自主学习的空间之外，别无太多意义。

三、基于学习者的方法（Learner-based Approaches）

基于学习者的方法是指对学习者进行以语言学习者策略为主要内容的培训，以提高学习者管理自己学习的能力。基于学习者的方法源于北美和欧洲两个不同的实践传统，20 世纪 90 年代以前，北美称之为学习策略培训，欧洲则称之为学习者培训，自 20 世纪 90 年代开始，两种传统逐渐融合，不再有明显的区别。Phil Benson 把“基于学习者的方法”称为“学习者发展”，他认为“学习者发展”是能更准确表达融合两种不同传统、内容十分丰富的实践方法。

语言学习者策略培训的主要目的就是帮助学习者在语言学习方面获得成功。这源于以 Cohen（1998：65）为代表的一些学者的观点，他们认为，如果学习者在语言学习和使用过程中能够有意识地选择和使用语言学习者策略，就会促进语言学习。Rees-Miller（1994：776-781）持有完全不同的观点，他认为学习者策略与成功语言学习之间没有必然联系，不主张进行语言学习者策略培训。但是，大量研究表明，在特定语境中通过合适的方法进行的策略培训确实能改善学习成果。因此，很多语言课程设计常常把增强学习策略能力作为一项教学目标，《课程要求》就是其中一例。

笔者认为，把语言学习者策略当成教条或规则讲解给学生的做法基本不会产生效果，学习者策略培训一定要在具体的语言教学活动中融合在语言学习项目里，让学生在真实的学习过程中体验和感受，适时适当地给予必要的启发和引导，在学生进行充分讨论和反思的基础上再予以归纳、总结和说明，而且，教师一定要在教学活动中有意设计一些项目和活动对学生已经接触过的学习策略予以反复强化，提高学生的策略意识和使用策略的能力。语言学习者策略意识和使用策略的能力是自主学习者自身应该具备的内部指向性条件，是构成语言学习者自主性概念的重要维度。

四、基于课堂的方法（Classroom-based Approaches）

语言学习过程十分复杂，教师主宰课堂，高度控制课堂学习，必然会严重弱化学习者课堂学习经验的价值。将学习者置于课堂决策之外，剥夺其参与课堂决策的机会，学习者在整个学习过程中始终处于被动接受的状态，学习者就不可能形成主动管理自己学习的意识和管理自己学习的能力，学习自主性就不能生长。

Phil Benson 援引一些实证性研究来说明学习者参与组织和管理课堂有助于培养学习者的自主学习能力，提高学习效果。Littlejohn（1982）的研究发现，以小组形式进行的独立学习能够增强学习者的学习动机，受试者自述的原因是：教师主导的课堂常常让学生感到拘谨，其他同学的存在使他们产生竞争的压力。没有教师，他们可以自由发言，不再担心犯错误，更愿意分享他们的经验，遇到困难时，更容易产生得到支持的愿望。Littlejohn Littlejohn （1983：595-608）在另一项研究中发现，在教师指导下的课堂教学中，让学生参与学习内容的选择同样会激发学习者的学习动机。Fitz-Gibbon （1982）， Assinder （1991：218-229）， Carpenter （1996）在处于不同语言学习阶段的班级中进行了“同学互教（peer teaching ）”实验，发现学生的学习动机和使用学习者策略的能力都有不同程度的提高，在 Assinder（同前）的实验报告中还包括“学习者对学习负责的意识有所加强，写作表达的准确性有所提高”的叙述（这五项实验均转引自 Phil Benson，2005：151-162）。

Phil Benson 对实验结果提出了三点质疑：①短期看，赋予学习者参与和控制课堂学习内容和教学过程的机会有利于语言学习，但是，促进语言学习的因素却很难识别；②大部分实验显示，学习者参与课堂决策能明显提高他们的学习动机、学习策略的使用水平和主动为学习承担责任的意识，虽然这三个因素都与学习者自主性水平有关，但是，却很难测量对这三个因素提高的幅度；③Phil Benson 认为这些实验都是孤立事件，而且，实验数据的客观性也有人为操纵的嫌疑，研究结论的说服力自然大打折扣。

除了提供机会，让学习者参与课堂教学内容的选择和教学组织以外，“基于课堂的方法”还主张让学生对课堂学习的成果进行自我评估。Bachman & Palmer （1989：14-29），Oscarson（1989：1-13），Rolfe （1990：163-86）等学者的研究表明，教师对课堂学习成果和学生的自我评估具有很高的相关性。Cram （1995：273）在进行文献分析时发现，自我评估的准确性会受到评估类型、语言水平、成绩、评估能力和经验等因素的影响。

这里简要介绍 Phil Benson 著作中援引与“基于课堂的方法”有关的实验，出于两点考虑：①更好地了解“基于课堂的方法”的内容；②结合国内类似实践经验，提出以下几点思考：

—关于学习材料的选择：①选择学习材料的机制和过程是什么？即由谁（或哪些人）通过什么样的程序来确定学习材料？②选择学习材料的标准是什么？即怎样保证所选材料与课堂教学目标和课程教学目标的一致性？③怎样确定学习材料的难易度？④怎样保证学习材料的呈现方式以满足绝大部分学习者的学习风格？

—关于课堂的组织形式：①是传统课堂教学中的“教师一言堂”，还是学生参与课堂教学？②学生参与课堂教学的具体形式是什么？以学习小组形式进行的合作学习？③我国基础教育阶段“以教师为中心”的课堂教学十分普遍，学习者心目中教师的权威意象还十分强烈，学习者对“学生教师”的信心和信任如何？谁来做“学生教师”？学优者？学困者？④良好的教学和学习效果，势必要求“学生教师”具有优秀语言教师的素质，可能性有多大？⑤如何保证教学效果和教学效率？如何处理教学进度和教学安排？

—关于课堂学习成果的自我评估。除了评估类型、语言水平、成绩、评估方面的能力和经验等影响因素外，中国大学英语教学实践中，评价结果的解释和使用也是非常重要的影响因素，如果学生的自我评估成绩不计入总分，学生没有动力；如果计入总分，学生就会把自我评估的结果和切身利益（奖学金、研究生推免等）联系起来。评估的信度如何保证？自我评估功利因素的介入，使原本就比较复杂的问题变得更加难以把握，但这些因素对自我评估的影响是客观存在的，要把自我评估的方法引入教学评估系统，就必须对有关因素进行系统化思考，处理好各种关系，以期自我评估能够真正促进自主学习的开展，真正有利于提高语言学习的自主性，真正有助于英语学习，提高英语综合能力。

对于上述问题，没有固定的答案，因为教学实在是个复杂的过程，受很多因素的影响，只有把具体的教学活动置于特定的情境中，系统分析、确定各主要因素和次要因素及相互间的关系，才能找到针对这些问题的具体解决方案，提出这些问题是笔者在课堂教学中的观察所得，意在提供参考。

五、基于课程的方法（Curriculum-based Approaches）

为了更好地领会 Phil Benson 归纳的“基于课程的方法”，我们有必要对几个概念的含义做简单介绍：

1.交际法/交际语言教学法（communicative approach，communicative language teaching ）

交际法，也称交际语言教学法，是外语或第二语言的一种教学方法，它强调交际能力是语言学习的目标，主张让有意义的交际和语言使用成为所有课堂活动的中心。交际法主要由英国应用语言学家于 20 世纪 80 年代倡导，以脱离以语法为基础的教学法（如情景法和听说法）。交际法的主要原则是：①学习者要通过有意义的交际活动来使用语言；②真实、富有意义的语言交际应该是课堂活动的目标；③流利性和准确性都是语言教学的重要目标；④交际涉及不同语言技能和策略的综合运用；⑤语言学习本身就是一个创造性建构和尝试错误的过程。交际法引起人们对语言教学的目标、大纲、教材和课堂活动等问题的重新审视和思考，对语言教学产生了深远影响。交际语言教学法的一些原则被其他交际法（如任务语言教学法、合作语言学习法和内容教学法等）所吸收。

2.过程大纲（process syllabus）

概括地说，过程大纲详细说明学生在学一门课程中可能遇到的学习经历和过程，而不是学习结果。我们可以从课堂活动设计方法和课程决策机制两个方面说明课程大纲的内容和作用。从课堂活动设计方法的角度讲，过程大纲设定的教学目标称为过程目标，通常利用两种课堂活动形式来实现：进行课堂讨论，学习者学习听其他人讲，同时表达他们自己的看法，其目的是为语言学习者提供真实交际，并在互动中实现意义协商的机会。此外，过程大纲建议为学习者提供反思自己学习策略的机会，以提升学习者语言学习的能力和效果。从课程决策机制的角度讲，过程大纲提供了课堂决策的框架，主张以教师和学生的协商为基础，就课程实施的有关问题做出决策。

3.任务型语言教学法（task-based language teaching）

任务型语言教学法是教学方法的一种，主张以使用交际任务和互动任务作为中心单元来进行教学内容的设计和执行。任务型语言教学法是倡导者试图把第二语言习得原理应用到语言教学实践所做的一种尝试，倡导者认为，创造真实情境使学习者有机会习得而不必“刻意”学习语言，因为具体的任务为学习者提供了有意义的交际和意义协商的机会；学习者通过使用地道的语言而习得语法。任务型语言教学法也是交际法教学原则的延伸。

过程大纲是在吸收交际法和任务型语言教学法教学原则的基础

上于 20 世纪 80 年代逐渐发展起来的课程设计理论，其核心是主张通过教学活动设计提供真实的语言交际环境，学习者在真实的语言交流中以近似于“习得”的自然方式获得语言知识和语言技能；最重要的原则是，主张通过磋商（特别是师生间的商讨） 来确定课堂教学任务、教学内容、教学程序、教学活动、教学评估。究其实质而言，“基于课程的方法”集中体现了这些教学原则，是把“学习者参与学习管理”的原则进行泛化用于整个课程的结果。

交际语言教学法曾一度风靡世界，成为备受推崇的教学方法，有些课程设计的著作把交际教学法作为叙述的重点（如 Fraida Dubin 等，2002），在 20 世纪 90 年代，交际语言教学法在我国也盛极一时，后来渐渐悄无声息了，笔者认为主要有三个原因：①与我国英语教学和英语学习“以考试为中心”的价值取向相背离；②交际语言教学法更适于第二语言学习环境，外语环境中对教师教学理念和教学方法的要求会很高，也需要学生具备较强的融入性学习动机；③一种新的教学方法和教学理念引入教学实践的过程中，教师培训没有及时跟进，造成教学理念与教学方法不匹配，这一直是国内外语教学面临的问题。因为任务型语言教学法在一定程度上为语言学习提供了一种对应的语境，一直不同程度地为国内外语教学界所采用，哈尔滨工业大学广泛采用任务型语言教学法取得了不错的教学效果，文秋芳等（2013）等也赞成在英语学习的中高级阶段采用任务型教学法，为学习者创设真实的输出情境，促进有效交际，以提高英语的综合能力。

六、基于教师的方法（Teacher-based Approaches ）

Phil Benson 所说的“基于教师的方法”实际是讨论教师在自主

学习中的作用和角色。描述自主学习中教师角色的词语很多，如促进者（facilitator）、帮助者（helper），协调者（coordinator）、提供咨询者（counsellor），资源库（resources）等等。Voller（1997： 98-113）在一篇关于“自主学习中的教师角色”的文献综述中干脆就用“促进者”一个词来描述教师的角色。Voller（1997：102）还从技术和心理一社会支持的角度论述了自主学习中教师的作用和教师应该具有的素养。

从技术层面讲，教师应该做到以下三点：①帮助学习者分析他们的学习需求和语言需求、制订短期和长期目标、制定学习计划、选择学习材料、组织互动，以此帮助学习者进行独立学习；②帮助学习者评估语言基础、监测学习过程、进行有效的自我评估和同伴互评，以便学习者能够对自己做出评价；③为了完成上述任务，教师应该对学习者进行培训，提高他们的语言意识和学习意识，帮助学习者识别自己的学习风格、使用合适的学习策略。

从技术和心理-社会支持的角度，教师应该具备三项能力：①具有“促进者”的基本素质（如有仁爱之心、有耐心、宽容、视野开阔、乐于肯定他人、易于产生共鸣、具有正能量；②具有激励学习者的能力，包括鼓励学习者承担责任、鼓励学习者投身于学习、能消解不确定因素、帮助学习者克服困难、愿意与学习者开展对话、不独断专行；③具有增强学习者意识的能力，引导学生不预设教师角色和学习者角色，引导学习者意识到自主学习的必要性，使其自觉进行自主学习。

McGrath（2000：100-110）认为，教师自主包含两个层面的内容，即教师享有职业自由和自主职业发展的权利。教师自主源于对课程与教师关系的一种理解：不管课程的内容是什么，不管教师如何严格遵守课程设计中的教学原则，他们最终展示给学生的实际课程内容都是教师自己对课程以及对课程内容理解的结果，无可避免地具有教师自己的痕迹和特征，这个事实应该得到承认，所以，教师在执行课程指导原则时享有的职业自由应该得到尊重。换言之，教师总是要根据自己的判断对教学情景和学习情境中的各种因素给予一定程度的控制，在此基础上生成真实的教学，从这个意义上讲，在促进自主学习的教学情境中，职业自由在执行课程过程中直接影响着学习者自主，正因如此，教师自主源于指导学习者进行自主学习的需要，也是学生自主的一个重要前提。教师享有职业自由需具备两个基本前提，其一，教师必须具有促进有效自主学习发生的素养和能力；其二，教师必须具有主动在教学中使用这些能力的积极意愿。教师的自主能力和自主意识可以通过两个途径得到发展，即教师职业的自主发展和教师教育。

第五节 基于个体差异的课程设计原则

Phil Benson 对促进自主学习方法的划分可谓泾渭分明，可每一个真实的教学实践涉及的方法都不可能非此即彼，往往是不同方法的组合，因为教学过程本身就是一个十分复杂的过程，受很多因素的影响，每一个具体教学事件都是与之有关的众多因素相互作用的结果，所以，这些方法及所涉及的案例只能作为教师在设计课程、实施课程时的参考。

我国大学英语教学发生的内部环境和外部条件具有本身的特点，与国外有很大的不同，照搬这些方法直接用于指导国内语言教学肯定不合适，特别是对于习惯了传统“以教师为中心”的教师而言，促进自主学习的教学活动更是错综复杂，难于把握。因此，在加强师资培训，加强教师职业自主发展意识、提高教师自主能力的同时，更要牢牢树立“以学习者为中心”的理念，在大学英语教学的全过程中紧紧围绕“最大限度满足学习者的个性化需求”这一原则，借鉴国外语言自主学习理论研究成果和实践经验，积极探索符合我国大学英语教学实际、能够促进自主学习发展的实践方法，不断总结经验，构建具有中国特色的自主学习理论体系，更好地指导我国的教学实践。

此外，基于课堂的方法、基于课程的方法和基于教师的方法都试图通过改变传统教育结构的内部关系，营造合作性的支持环境；基于资源的方法和基于技术的方法都力图为促进自主学习创造条件、优化学习环境；基于学习者的方法则意在改善学习者的自身心理环境，增强为学习负责的意识，提高语言学习能力。但是这些方法都有一个共同问题，即没有回答这些方法本身是通过怎样的中继过程或借助于怎样的媒介促进自主学习发生的？换言之，Phil Benson 提供的方法更像促进自主学习的可选策略和条件，并没有回答这些策略通过什么样的方式作用于学习者、促使外语自学习的发生。

辩证唯物主义哲学对内因和外因的关系有鲜明的论述——外因要通过内因才能发挥作用，才能推动事物的发展和变化。据此，我们坚信，所有的手段和措施一定要调动起学习者的学习动机，才能变成促进自主学习发生的力量，而满足学习者个性化学习需求正是激发学习动机的有效方法。如前所述，满足个性化学习需求的基本前提是，要在课程设计和执行的全过程充分考虑学习者的非智力因素和学习者的个体化差异，为此，我们提出“基于个体差异的课程设计原则”，其主要内涵是在课程设计和实施的全过程对学习者的智力因素和非智力因素，以及学习者的个体性差异予以同等的关注，以此作为课程设计和实施的最高准则，充分考虑学习者的学习风格、学习动机、学习策略和语言基础等个人因素，以合适的方式向学习者提供合适的学习内容，帮助学习者实现其学习目标。

从一定意义上说，个性化学习是自主学习的最基本特征，也是实现自主学习的一个基本条件，没有个性化学习就没有自主学习。满足个性化学习需要也是“尊重教育规律和学生身心发展规律，为每个学生提供适合的教育”的主要途径。

第六节 自主学习的培养机制与学生终身学习能力培养

一、传统教学观念对教学和自主学习能力发展制约

2007 年教育部正式公布了通过教改试点后最终确定的《大学英语课程教学要求》，拟通过大学英语教学改革的全面深化，切实提高学生的英语综合应用能力，解决长期以来大学英语教与学两方面存在的问题。在教学手段改革方面，《课程要求》提出要加强多媒体技术和网络技术等教学技术手段在大学英语教学过程中的应用。这一举措一方面是为了给学生提供更为丰富的教学资源，另一方面也是为了解决传统大学英语教学模式对大学英语教学改革的阻滞作用，为教学观念的更新和今后教学综合改革模式在全国范围内各院校的推广起到助推作用。

《大学英语课程教学要求》指出学生英语综合应用能力的提高是大学英语教学的根本目的，而在大学英语课堂教学和英语综合应用能力的提高之间，还有一项任务，即发展学生的自主学习能力。学生具备了可持续发展的自主学习能力，可以丰富和扩展他们在课堂上所进行的知识建构，也可以将课堂教学与大学生英语综合应用能力的提高有效结合起来。因此，判断大学英语教学改革是否卓有成效的重要标准之一就是大学英语教学策略是否得到了积极调整，以激发、促进并最终保障学生学习自主性和自主学习能力的持续发展。

由于师资不足和缺乏教学条件等历史因素的影响，我国大学英语传统教学模式表现出师生比过大，主推语法翻译教学法，强调知识灌输，忽视语言交际，侧重整体教学等不利于学生个体自主学习能力发展的特点，易导致学生的学习动机受挫，综合应用能力，尤其是听、说、写的能力较差。就具体教学环节而言，传统教学方法对大学英语教学和学生自主学习能力发展的制约表现在以下四个方面：

第一，传统大学英语教学以整体教学为主的模式已经不适应目前多样化生源的教学需求。在传统的大学英语课堂中，教师按照随专业和院系划定的班级组织教学，每周授课 4~5 个课时。教师一般将教学对象界定为全体学生，按照教学进度对各个单元内容以课堂讲授的方式展开教学。这种教学安排基本由教师主导，属于班级整体教学模式，较难涉及学生的个性和个体差异，容易出现教学实践方式与学生的客观语言能力匹配度低的情况，使英语程度较高的学生和程度较低的学生都不能得到满足。此外，近年来，高校新生的英语水平呈现出多样化分布的特点，不同水平的学生数量均占有一定的比例，趋中现象有弱化趋势。因此，目前重视整体教学的模式很难满足高校生源多样化的现状。

第二，在考试指向性等因素的影响下，传统大学英语教学未能树立综合、平衡培养学生英语应用能力的宗旨。应该说多年来大学英语四、六级考试作为信度和效度都较高的全国性英语测试，为我国大学生群体提供了检测英语水平、明确学习目标的有效途径。但各高校在传统大学英语教学实践中普遍将四、六级考试作为教学的指向性目标，甚至以更多学生通过四、六级考试为大学英语教学的唯一目的，在教学实践中只突出对通过四、六级考试有帮助的教学环节，着重强调阅读、背诵、记忆、练习等应试教学手段。这种方法固然在一定程度上使学生增加了知识积累，对测试形式更加熟悉，有更大的把握通过考试，但其负面作用表现在学生的交际能力，包括作为口头交际能力的“说”和作为书面交际能力的“写”，都比较薄弱，培养学生综合应用能力的教学宗旨和有效机制都没能确立起来。

第三，由于没有明晰的培养英语综合应用能力的模式与目标，在传统大学英语教学中，大学英语的课程定位易陷于模糊，学生学习动力不足，常会出现学生对提高英语能力的需求大，但同时对大学英语课程的设置满意度低的情况。在强调四、六级测试的背景下，在教学环节中教师不自觉地把正常课程教学和四、六级测试准备等教学内容对立起来，但这些教学内容又是教学过程中均无法回避的，课程定位模糊的问题也就因此出现。由于“教什么”和“怎么教”的问题在传统大学英语教学中仍存在疑问，很难有针对性地制定出对具体学生的培养模式，学生提高语言能力的需求也就很难得到满足。

第四，由于生源量的持续增加，师生比不断加大的客观变化和教学理念以及教学手段的滞后，在传统大学英语教学模式下，师生缺乏有效沟通平台，这一现象不符合语言学习的规律，不利于学生从师生互动中得到提高。尽管各校师资建设的步伐也在加快，但总体上师生比还是在逐年扩大。学校的发展呈现出短期内不可逆的扩张态势，与此同时，语言的高效教学又始终倾向于小班教学的模式。因此，生源的持续增加和个性化语言能力提高的需求在教学管理层面体现出二律背反的特征。在这一形势下，急需改革传统大学英语教学中一味侧重讲授的教学理念，采取积极措施构建课堂教学之外师生有效的沟通平台，增加师生交流，实现多维度师生互动。

二、教师在教学过程中促进学生自主学习的原则

大学英语教学是一个交互式的教学过程，教师和学生在其中具有一定意义上的合作关系，双方通过课内互动教学活动，课下师生沟通，以不同的角色共享学习过程。从另一个层面来看，学生在学习过程中对实现个性化自主建构的根本需求更说明大学英语教学也应该致力于激发学生的自主学习潜能，引导并鼓励学生学会并运用自主学习策略，从而增强其自主学习的能力和效果。与此同时，目前各高校师生比过大等客观因素对大学英语教学工作的限制，也说明教师在教学过程中培养学生自主学习能力是深化大学英语改革，改善教学效果的客观需求。

大学英语课程作为一门语言课程，与高校普遍开设的其他课程相比有一定的特殊之处。尽管大学英语的教学主要在课堂内开展，但是从语料信息的摄取到语言能力的提高都需要学生通过语言实践进行检验。可以说在大学英语教学过程的各个环节，学生都主动参与，教师以及合作学习者的影响虽大，但对于学生主动建构的过程

而言，主要是作为建构环境因素施加影响的。相比之下，学生在建构环境中结合知识储备和已有经验进行的主动建构更为重要。因此，教师作为大学英语教学过程的参与主体之一，应通过担任教学环节的组织者和协调者，采取积极措施，为学生自主学习能力的发展营造有利的建构环境，保证学生自主学习能力的持续发展。整体来说，教师在教学实践中对以下几个方面应有所重视：

1.提出问题

问题的解决本就是大学英语教学的实践基础，可以说学生是通过解决教师提出的问题和教学任务来完成学习过程的。从教师的角度来看，问题的选择和提出是最为重要的教学环节之一。一旦教学中需要提出的问题确定下来，其他教学环节的组织形式和基本特征也就基本确定了。在教学过程中，问题的价值如何利用与体现就成为教师在大学英语教学中关注的核心问题。教师和学生作为教学活动的参与者，期待的不仅仅是解决教学问题，还包括利用问题的启发性和创新性激发学生的学习兴趣，引发相关教学环节的开展，促进学生针对个人情况对课程知识体系所要求的核心能力进行的主动建构。

2.目标指导

学习目标是任何学生在任何课程的学习过程中都应具有的对学习结果和学习过程的预期，缺乏目标的学习过程是没有意义的。如果没有合理的目标，学生在学习的过程中会感到无所适从，很难继续自主学习的过程，而至于学习方法和策略等也都成为无本之木。在大学英语教学过程中，学生需要明确自身对英语学习的期待目标，并在课程学习过程中按照既定目标做好学习安排。此外，教师也应本着因材施教的原则，按照各个学生的不同情况和实际需求（应试需求、职业需求、兴趣需求等）对学生自定的学习目标进行目标指导。

3.增强动机

学习目标一般制订于学习过程的起点，在学习过程的终点进行评估，有可能在学习的过程中保持不变。学习动机则属于学习过程中的情感因素，贯穿整个学习过程，在不同的学习阶段，其表现和对主动建构过程的影响都不尽相同。学习动机的强弱由学生在学习过程中的自我评价来界定。自我评价高，信心强，愿意为目标付出更多努力的学生具有更强的学习动机，反之，则学习动机较弱。大学英语学习，尤其是自主学习的环节，即使有明确的目标提示和良好的策略导向，仍然是必定充满各种重复的练习，易于陷入枯燥，需要有较强的学习动机帮助学生调整心态，做好学习规划。正是因为学习动机的重要作用，教师应该在教学和辅导过程中，结合个体学生的学习目标和学习困惑，帮助学生确立或重建较强的大学英语学习动机。

4.鼓励合作

前文曾经提到，大学英语课程倡导的自主学习的所指并不完全是单独学习，在课堂教学中也可以是学习者与教师和合作者在交互环境下以提升自主学习能力为目的学习过程。大学英语课程属于语言类公共基础课，语言源自交流，语言教学也注定不可能脱离人际交往环境。另外，自主学习能力是学习者通过学习过程中的主动建构，持续获得知识储备和主动思维发展的能力，语言教学中这种能力的发展过程仍然在与教师和合作学习者的互动中完成。因此，自主学习与合作学习在大学英语课堂教学中应该是互为补充的，学习者在合作中发展自主学习能力。在课堂教学中倡导使用的交互式教学方法本质上反映的也是教学过程中的合作关系，师生为了教学的根本目的，承担不同的角色，协调努力，分别完成教与学的环节。就自主学习与合作学习的关系来说，自主是本源，是内在动力，合作是环境，是外在促进因素。只有维持自主与合作的平衡状态，才能确保学习者语言能力的持续提高。

5.重视技术

目前大学英语教学客观教学条件的不足，在一定程度上也促进了对于推广自主学习的需求。在师资、生源等因素短期内难有变化的前提下，现代辅助教学技术手段可以有效地保障自主学习的实施，提升学习效率，增加沟通渠道。网络资源就是最为重要的辅助教学技术手段之一，具有即时、便捷、费用低的特点。以各高校大学英语教改课程为例，课程配套的网络学习软件，可以帮助学生熟悉教学内容，及时对所学知识进行总结归纳，还可以进行课外自主听说训练。很多高校选购的网络资源库则可为学生提供丰富的自主学习资源，对学生教学环节中的各种问题解决给予资源上的支持。同时，教师还可以利用即时通信软件，在线与学生保持联系，解决师生比过大，教师与学生缺乏有效沟通平台的问题。现代教育技术手段为大学英语自主学习提供了丰富的教学资源，便于学生进行个性化的知识体系整合与建构，成为课堂教学的重要补充。

三、培养学生终身学习能力

自 20 世纪 60 年代以来，联合国教科文组织及其他有关国际机构一直大力提倡和推广终身学习的理念。1965 年，联合国教科文组织成人教育局局长保罗·朗格朗（Parl Lengrand）提出了“终身教育”这一术语，之后多年来，这一教育理念在全世界许多国家受到了极大的关注和重视，1994年11月，“首届世界终身学习会议”在罗马举行，会议确定：终身学习将是21世纪的生存概念。曾任联合国教科文组织终身教育部部长的E·杰尔比指出，终身教育包括学校教育、毕业后的教育以及其他形式的教育与进修，是正规教育与非正规教育之间发展与延续的关系，是个体一生中通过社会所实现的其最大限度的教育。许多西方发达国家在制定本国的教育方针和教育政策时，都增加了对学生进行终身教育的理念，并把培养学生具有终身学习能力作为教育的目标。终身教育理念的提出，突出了素质教育的重要性，结束了学生一旦离开学校和课本便无从获取知识的时代。

现代教育理论认为，教育应重在对学生学习能力的培养。学校教育应着眼于教会学生如何学习，培养他们自主学习的能力，培养学生成为自主的学习者，为他们“终身学习”打下坚实的基础。终身学习能力是现代社会高素质人才应具备的基本素质之一，是适应社会发展和实现个体发展的需要。随着当今社会现代科学技术的迅猛发展和知识经济的出现，各类竞争日趋激烈，具有终身学习的能力已经成为每一个人生存和发展的重要条件并贯穿于人的一生，因此终身学习需要具有可持续的学习能力。

学生要具有终身学习能力，首先应具有自主学习的能力，即独立获取新知识的能力和不断调节自己知识结构的能力，这其中包括他们能够利用现代化学习资源进行学习的能力，这是他们具有可持续学习能力的保障。其次要具有分析问题和解决问题的能力，这也是一种反映他们对客观世界的认识能力，这其中包括他们与他人合作的能力和组织管理能力。另外，学生还应具有积极的适应社会的能力。他们应能够随着时代的变迁或外部环境的变化来随时调整和改变自己的思维方式、生活方式、行为方式、交往范围和价值观念等，这其中包括他们的创新能力和实际操作能力等。

要使学生具有持续发展的能力，需要建立良好的自主学习的培养机制、学校教师两方面作为保障。

四、构建大学英语课程自主学习的保障体系

建构主义教学理念下的大学英语教学过程是学生利用知识储备和已有经验在建构环境中通过主动建构，确保自主学习能力持续发展的过程。基于这样一个认知和实践基础，传统大学英语教学策略正在经历由行为主义理念到建构主义理念的转变，教师和学生都需要在新形势下做出积极调整，适应强调自主学习的教学模式，因此，有必要构建大学英语自主学习保障体系。

自主学习是大学英语教学的构成环节，直接关涉到自主学习能力的最终产出，也是其中最为重要的环节。同时，自主学习过程也是多变量教学体系，需要各种因素综合作用，保障自主学习的效果。而需要构建的自主学习保障体系的根本宗旨就是协调各种因素，保障自主学习在大学英语教学过程中的重要作用，保持自主学习的高效能运行状态，为学生自主学习能力的持续发展做出贡献。综合考察自主学习的参与主体和相关因素，自主学习保障体系成功与否主要取决于自主学习的主体参与者是否能在自主学习的过程监控与效果评估，教师在自主学习中的角色定位，自主学习态度与策略的培养三个层面采取有效措施，给予充分保障。

1.加强自主学习的过程监控与效果评估

建构主义学习理论中的主动建构是大学英语自主学习模式的本源，而积极主动的自主学习模式也确实是大学英语教学改革中推广的学习模式。然而自主学习并非独自学习，脱离了教师、合作者、教学材料等建构环境的构成因素而独立存在的绝对“自主”学习模式，是无法实现语言能力的持续发展的。在自主学习过程中，教师不应该，也不会放弃在学生的自主学习过程中作为组织者的地位。自主学习作为大学英语教学的有机构成部分，也属于教师进行教学监控与评估的范围。教学监控与评估一直是教学过程的重要环节，可以帮助教师了解教学整体状况，接受来自学生的数据反馈，对教学工作进行针对性的调整，也可以帮助学生对学习进程进行阶段性的总结，弄清症结所在，明确学习方向。从监控与评估在教学过程的参与属性来看，要保障监控与评估的作用，至少应该对大学英语自主学习过程的监控类型，监控范围和评估模式进行讨论，并予以确立。

若从监控的实施主体来看，对自主学习进行的教学监控可分为学生自我监控和教师监控两大类。在建构主义教学理念中，学习者在自主学习过程中具有中心地位，对于自身的自主学习状态具有最直观、最主动的了解，可以进行主动、适时的策略调整。但是学生在自主学习过程中往往还不具备完善的自主学习策略，无法及时做出最为正确的学习策略选择。同时大学生年龄通常不超过 23 岁，对学习过程中的情感因素控制力也比较弱，容易出现学习心态和动机的问题，需要得到及时的外部支持。在这种情况下，教师作为各个教学环节的组织者可以提供最为直接、有效的帮助，实行对学生自主学习过程的教师监控。学生自我监控和教师监控成为自主学习过程中两种互为补充的监控类型，对了解学生自主学习的进程提供直观的记录与及时的支持。此外，互联网和局域网等网络技术手段也为两种监控方式提供了技术支持，提高了监控效率，为自主学习策略的调整提供了数据支持。自主学习的监控范围涵盖自主学习进程的各个相关维度，主要包括课程的安排与进度、阶段成绩和学生自主学习的效果记录等。第一个维度可以通过教师的教学安排、教学日志和相关的技术手段进行记录、监测，后两个维度的监控则主要通过各种测试进行涉及自主学习过程的效果评估。

测试与评估是教学过程最常见的监测手段之一，为教师提供了能改进教学安排，提升教学水平的反馈信息，为学生了解不足，改进方法，持续进步提供信息支持。传统大学英语教学与其他很多课程没有区别，主要采用了终结性评估的方式。语言课程的自主学习过程具有动态性，多变量的特点，仅凭终结性评估方式不足以全面反映自主学习能力的变化。因此，对自主学习过程的评估应该将重心放在对于自主学习动态过程的关注，采用形成性评估的方式反思、监测学生自主学习的效果和进展情况，促进他们自主学习能力的形成。鉴于终结性评估的体制传统，终止对语言的终结性评估会给教学组织和教学管理带来混乱，现阶段比较可行的方法是采用形成性与终结性相结合的评估模式，并随着自主学习进程的深入，逐步降低终结性评估在评估模式中的权重。

2.明确教师在自主学习中的角色定位

在传统的大学英语课堂中，教师是所有教学环节的主导者，学生作为教学活动的参与者，被动地接受教师的信息输入刺激，在“被动刺激，消极反应，少量产出”的模式中接受语言教学。大学英语教学改革注重推广自主学习模式，可以突出建构主义对教学过程的指导作用，教师的地位在教学过程中也发生了变化。学生在自主学习的进程中占据了中心地位，教师转而成为教学活动的组织者，为学生提供支持，成为学生进行主动建构的建构环境的重要组成因素，但教师仍是教学过程的参与主体之一，作用无可替代。

在基于建构主义的大学英语自主学习进程中，由于教学环境和教学宗旨的变化，教师的角色定位易陷于模糊，可能会出现传统定位和定位缺失的情况。在传统地位倾向中，教师可能因为无法适应教学环境的变化，依然采用教师主导的原则组织自主学习的教学安排，阻滞自主学习的有效开展。在定位缺失的倾向中，教师可能由于对自主原则的误解，采用完全放手不管的方式，导致自主学习进程缺乏组织。

在大学英语自主学习进程中，教师应随着学生定位的巨大变化对自身的角色定位进行积极调整，可以采用三重角色定位的模式，即自主学习中教师将自己定位为学习过程的组织者、监控者和保障者。在三重定位的基础上，教师和教学管理部门还可以将教师的角色定位予以细化，将教师在各种角色下的工作内容予以明晰。

3.培养自主学习策略与态度

学生在自主学习的过程中，主动建构意义，建构对各门课程知识体系客观规律的把握。学生在这一过程中同时建构的还有自主学习的根本目标——持续发展的自主学习能力。对自主学习能力的建构产生直接影响的是学生的自主学习策略与态度。积极的学习态度和高效、完善的自主学习策略可以有效提高自主学习的效能，继而从根本上提升自主学习能力。

自主学习态度和策略的作用不可小视，自主学习参与主体在各个环节中培养学习者良好的策略与态度也有不小的难度。首先，学习者在自主学习的过程中容易出现学习态度和学习目标及学习动机不匹配的情况。在考试、出国、就业等客观需求的刺激下许多学生都有非常明确的学习目标和学习动机，但在自主学习的过程中由于没有有效的建构学习模式和学习规划或者其他的客观条件限制，有些学生可能会有较低的自主学习的自我效能感，无法树立起积极的自主学习态度。在这种情况下，教师应充分了解学生的个性化学习目标与学习动机，加强与学生的交流，与学生合作制订其个人规划，协助学生提升自主学习的自我效能感，继而梳理积极的自主学习态度。其次，自主学习策略的构成因素复杂，自主学习策略的综合培养也有不小的难度。自主学习策略可以界定为自主学习过程中学习者要使学习能力持续发展所需的一种固化在头脑中的信息利用机制。对于大学英语自主学习而言，这种策略就是自主学习过程中对学习者对学习效果的内在保障因素。学生学会了充分运用学习策略于学习中，就具备了可持续发展学习能力的可能。学习策略的保障是学生同时掌握认知学习策略和元认知学习策略。认知学习策略就是对语言学习过程中各项教学内容的认知和语言技能的掌握，在教师对于教学任务和教学材料进行条理划分、难易得当的处理之后，这部分的认知学习策略可随知识储备的增加发生改善。元认知策略的运用反映学习者的认知程度和认知方式，是在一个更高的平台上对自主学习过程进行把握。在具体教学实践过程中，教师可以帮助学生了解自身目前学习进程和特点，总结各个阶段知识信息的储备情况，共同进行阶段性反思，形成对自主学习过程的正确理解，最终了解对个体具有的可操作性的自主学习元认知策略。

五、构建自主学习的培养机制

1.自主性教学目标与教学模式

自主性的教学目标是以学生的能力培养为中心，注重培养创新型人才，教师在传授知识的同时引导学生建立学习自主性，学会获取知识的方法，进行创新性学习。教学模式以大班语言知识点的讲授为主，小班以口语交际能力培养为主进行个性化的英语教学。小班教学模式主要以小组讨论的同伴协作式和以个人为单位独自完成学习任务。小组讨论式的协作学习可以激发学生的创新性思维，提高他们的应变能力。学生以个人为单位独自完成学习任务的模式中，学生需要独立思考自己所需要的材料以及知识点，通过筛选信息、自我演练，来增强自己的独立学习能力。自主性的教学与学习模式解决了由于学生个体差异的问题所导致的学生对于同一知识点的掌握和消化的程度也不尽相同，满足了学生个性化的学习需求，培养了学生独立自主学习的能力。

2.教师的角色

（1）转变观念。教师需要尽快调整好对于新模式下教师岗位的认识，因为在此模式过程中，教师并不再孤军奋斗，相反，和学生在一起讨论交流，自己不再处于教学中的权威地位，也不再决定和控制一切教学活动，反而需要给学生提供机会，让学生们自己讨论和交流，调动学生兴趣、增强学生的学习信心、积极指导学生学习，从而一起合作达到教学目标。

（2）积极投入。在自主性学习的模式下，教师必须对每个学生的语言水平、个体特征、学习目标及计划有明确的认识，并就此设定相应的学习任务，更好地指导学生去完成学习任务并取得满意的学习效果。学生性格的先天性的遗传和后天的经验决定了他们的认识水平以及适合采用的学习策略。所以，教师应该重视每个学生的不同点，因材施教，让学生了解自己的水平和提高方式，从而发挥学生的主观能动性，使自己逐渐走上自主学习道路。

（3）了解新角色。在自主学习的背景之下，教师的角色也随之多样化，教师的创造能力的要求会被更加看重。总体来说，教师的新角色主要表现为三种形式，即教师作为辅导员、教师作为促进者、教师作为一种资源。

教师作为辅导员（counselor），是指在自主学习模式下，教师的主要作用就是帮助学习者学习，使学生们掌握一定的技能，从而使学习变得更加自主；另外，辅导员也要帮助学生明确学习目标和需求，了解如何选择学习材料、学习活动等。在这种关系里，学习者和教师处在一种相辅相成的地位上。

教师作为促进者（facilitator），是指在自主学习的模式下，教师作为促进者主要是为学习者的学习提供支持，包括心理支持和技术支持。心理支持主要是帮助学习者提高个人素质，比如，忍耐力和上进心等，另外，促进者尤其应该着重培养学习者的信心，激励他们克服学习中的障碍，从而使学习更上一个台阶。与之相类似的技术支持，也有一些方面需要注意，第一，帮助学习者进行客观、科学的自我评估，使他们能够正确对待自己目前的学习状况，从而为以后的学习打下坚实的基础；第二，学习的促进者也要帮助学习者树立和提高学习意识，从而帮助他们配备必要的学习方法，促进自我学习和激发学习动机。

教师作为一种资源（resource），主要指的是教师在学生自主学习中作为一种信息资源。毕竟，教师在专业领域的经历比学生更加丰富和长久一些，那么在学习的过程中，教师就可以根据学生的具体问题给出一些比较明确和独立的解决方案，或者可以提供给学生更多与专业相关的信息，比如，一些和专业领域相关的课外读物、音像资料、网页链接等等，以便为学生的自主学习开拓更加广泛的渠道。

3.学校的角色

（1）加强入学教育。自主学习作为一种新的学习和教学模式，这一点使很多学生刚开始发现自己并不适用于这种新模式，也不了解，就没有很好地转换过来。学校作为教育活动的主要承担者，应该为学习者提供更好的学习条件和机会，所以，在新生刚入校的时候，学校应该将大学学习的特征和要求告诉新生，这样他们在一开始就会树立起一个自主学习的观念，对于教师在课堂上的一些教学活动也就会有更多和更细致的了解，从而全面配合教师的教学活动，也会充分利用时间，加强自主学习的能力。

（2）鼓励教师建立学生档案。长期以来，大学教师在教学上和科研上面有着很明确的想法和目标，但是却忽略了和学生的感情交流。自主学习的培养机制下，教师最容易忽视的一点就是个性化教学。教师只重视知识的传授，而忽略了学生主体接受的意愿和程度，并且教师和学生在情感上缺乏交流，如此一来，教师对学生知之甚少，学生对于教师有距离感，有隔阂，于是，有什么问题由于长期以来的“尊师重教”的文化传统，学生不便与教师沟通，从而在教学上的问题和学生实际的掌握情况都不得而知，“教”与“学”不能衔接上，最后影响教学效果。所以，鼓励教师建立学生档案，也是促进师生沟通的一种措施，从而为学生们即将开始的自主学习提供一些心理支持，达到积极促进学生自主学习的效果。

（3）扩充学习资料，提供更丰富的学习资源。各式各样的学习材料也是满足学生自主学习的前提条件，也是学生自主学习的物质基础条件。教材的内容以及教材的编排对学生的自主学习有重要影响。现在的教科书在内容选择和形式设计上往往照顾大多数学生而受到限制。此外，大多数的教科书都是为了满足课堂需要，不太适合自主学习；另外，学校藏书的多元化，也为学生自主学习提供了必要条件，学校的藏书应该既需要照顾课堂学习，也应该增加对课外知识的补充，对于学生来讲，尤其是理科生，知识的变化发展日新月异，所以，藏书的前瞻性也为学生更好地开展自主学习提供了更加充分的条件。

终身学习能力，顾名思义，即学习要可以在任何时间、任何地点进行，即使离开校园也需具备主动学习的能力，正如俗语所讲的那样："活到老，学到老。"自主学习的培养机制与终身学习能力是相互影响、相互促进的。主要表现在：自主学习能力的培养是使学生具备可持续发展的学习能力和终身学习能力的必要保障。自主学习能力的培养机制就是要帮助学生树立起"自学"的意识，能够使学生在任何时候，任何环境下积极主动地解决自己所遇到的问题，自觉寻找所需资源，自主解决自身的问题。

终身学习能力是自主学习培养的目标。学生有各种各样的角色，一个学生不可能一辈子总是待在校园里。当学生走进社会，身边并不再有特定的"老师"这一角色，并且那个时候学习者所遇到的困难和难题不一定都是和课本相对应、相熟悉的，于是在新的环境下产生的问题，到底应该怎么解决呢？毫无疑问，这个时候学生必须依赖自己，进而找到解决问题的方法。如果学生以前不具备此种经历或者实践活动，就这样突然转入这一种模式，多少会有些不适应，更重要的是在时间的安排和学习进度的处理，所以，学校培养学生的自主学习能力目的就是让学生无论在什么样的情况下都能够有“主动学习”的意识和行为，从而更好地为他们以后的学习打下坚实的基础。毕业后即使离开校园，随着年龄的增长，学生依然有能力解决问题。让学生在人生的路上不断地提高自己，这就是教育的目的。

第二篇 基于微课的大学英语教学模式分析

第一章 理论依据

微课是微视频课程的简称，翻译自英文“Micro-Lecture ”，其雏形源于美国爱荷华大学勒罗伊 A.麦格鲁（LeRoy A.McGrew）教授所提出的 60 秒课程（60-Second Course）和英国纳皮尔大学 T.P.Kee 所提出的一分钟演讲（The One Minute Lecture）。目前广泛讨论的微课概念是由美国新墨西哥州圣胡安学院的高级教学设计师、学院在线服务经理 David Penrose 于 2008 年提出的。Penrose 认为在相应的作业与讨论的支持下，微型的知识脉冲（knowledge burst）能够获得与传统的长时间授课相同的效果。

目前国内对微课并没有一个统一的概念界定，但基本含义大体一致，它是以阐释某一知识点为目标，以微型教学视频为主要载体，针对某个学科的某个知识点或教学环节而设计开发的一种情景化、支持多种学习方式数字化学习资源。

第一节 泛在学习理论

随着计算机技术、网络通信技术的快速发展，学习模式正在发生深刻变革，先后出现了 E-learning（数字化学习）、M-learning（移动学习），并在此基础上发展出了 U-learning（泛在学习）。

泛在学习是指在泛在计算技术环境支持下的一种无处不在的，学习者根据自己的需求和所处情景积极主动地、随时随地利用易获取的资源来进行的各种学习活动，是数字化学习和移动学习发展到一定阶段催生出的一种学习模式。泛在学习将学习的开放性与灵活性融入日常生活，使学习活动的进行可以不受时间与空间的限制，这让终身学习成为可能，因此，泛在学习在近几年受到国内外学者的广泛关注。

多数学者认为泛在学习概念由泛在计算概念衍生而来。1988 年，M ark Weiser 重新审视了计算机与网络应用的发展，他发现那些在使用过程中不可见的东西对人们影响最深、作用最大，并由此提出了“泛在计算”（Ubiquitous Computing ）这个概念。正如他在《*The Computer for the 21St Century*》中说到:“最深刻的技术是看似消失的，它们融入了每天的生活当中以至于不可分辨了。”在泛在计算概念的基础上，Jones 和 Jo 提出，泛在计算技术在教育中的同化标志着又一个伟大的进步，泛在学习通过泛在计算的概念出现了；泛在计算导致了泛在学习，由此使个人的学习活动嵌入日常生活之中。

通过对国内外学者的研究成果，泛在学习主要有以下几个特点：

（1）泛在性。学习活动的发生是泛在性的，即学习者在任何需要的时候可以不受时间与空间的限制获得学习支持。

（2）可获取性。开放的学习环境可让学习者根据需要随时从任何地方获取学习相关资源。

（3）交互性。学习者可以在学习过程中与教师、学习同伴甚至专家进行同步或异步的交流。

（4）教学行为的情境性。学习被整合在日常生活的各个细节中，自然地为学习者呈现知识与问题，以有助于学习应对特定的问题情境。

（5）关注现实问题。泛在学习以学生为本，基于学习者的学习任务与认知目标，以解决学习者在现实中所遇到的问题为核心。

随着网络信息技术的发展，教育技术不断更新，学习方式从传统的课堂书本学习进入数字化学习，发展到移动学习，并以泛在学习为未来发展趋势。泛在学习为学习者提供了一种随时随地可获取学习支持的学习体验。

第二节 掌握学习理论

掌握学习理论是本杰明·布卢姆在20世纪60年代向传统的学生学习能力呈正态分布理论发起的挑战。差异心理学通过对学习能力的研究认为，人的学习能力存在先天的差异，总体呈现正态分布，能力处于中间部分的最多，能力极高或极低的属于极少数，由此，教师就可以通过智力测试对学生的成绩进行预测。布卢姆认为这种具有先天决定论倾向的学生观是传统学校非常具有破坏性的一面。经过研究后他发现，学校学习中的许多个别差异现象并不是个体所固有的，而是人为的，偶然的。因此，他认为只要为学习者提供适当条件，他们几乎能学会所有能学会的东西。进而，他指出“教育是一种有目的的活动，我们力图使学生学会我们必须教授的事物。如果我们的教学有效的话，成绩的分布应当与正态曲线很不相同”，绝大多数学生都可以掌握学习任务，获得良好成绩。

在卡罗尔早期研究的基础上，布卢姆认为学生之间的差异性与学生学习能力的差异性是不同的，不同学生的学习时间与学习速度是不一样的，这两个是导致学生学习能力不同的主要因素，并且这两个因素并不是不可改变。卡罗尔认为，学习程度是学生实际用于某一学习任务上的时间与掌握该学习任务所需的时间的函数，即：

学习程度=f（实际用于学习的时间量/需要的时间量）

布卢姆和卡罗尔都认为实际用于学习上的时间量是影响学生学习水平的关键。如果学生拥有足够的时间，并且可提高实际用于学习的时间，那么绝大部分学生都能掌握所需掌握的知识。

布卢姆通过实验总结出影响学业成绩的主要因素以及相应的权重，其中学业成绩一半取决于学生在学习新知识的前期知识储备；学生的学习动机，对所学内容的兴趣等情感因素占四分之一；教学质量以及学习者水平与教学的适切性占四分之一。基于影响学业成就的因素研究，布卢姆发现个别教学是最理想的教学形式，但是由于师资等条件的限制，很难实施个别教学法。布卢姆总结了掌握教学法即便在群体学习中也能够使学生很好地学习。在掌握教学中，首先，教师将整体的教学内容分解成小块学习单元，按照学习顺序组织起来，并以教育目标理论为基础设计教学目标，使学生一步步掌握学习内容；然后，通过每个单元的形成性测试的反馈，教师获知学生对先前知识的掌握情况，并对后期教学进行调整；其次，教师对评价的结果进行总结分析，根据结果对不同的学生进行有针对性的矫正补充教学。然而，在传统课堂中主要采用的是群体教学，由于班级的整体进度要求，学生不能按照自己的时间与节奏进行学习。在现代教育技术的支持下，翻转课堂使个性化的掌握学习得以真正实现。

基于掌握学习理论，翻转课堂教学模式增加了学生的实际学习时间。首先，在翻转课堂教学模式下，学生在课前有足够的时间通过微课进行基本知识的学习，学生可以根据自己的需求选择观看微课的时间与频率。其次，在翻转课堂教学模式下，教师可以得到准确的反馈信息，从而有针对性地指导教学。通过收集学生学习微课的信息，教师可以掌握课前学生的知识准备情况，设计更有针对性的教学活动。在翻转课堂教学模式下，学生学习自主性得到提升，主体性得到充分体现，通过提升学生学习主动性促进学习态度的转变，从而实现掌握学习。

第三节 ARCS动机设计模式

ARCS 动机设计模式是由美国佛罗里达大学心理学教授 J .M .Kelley 在其动机—成绩—教学影响理论的基础上提出的。这一模式认为，影响学生的学习动机有四个要素：注意（attention）、切身性（relevance）、自信心（confidence）和满足感（satisfaction），将四个要素首字母组合在一起便是 ARCS 模式。因此，Kelley 认为教师在进行教学设计的同时，还应根据教学内容进行动机策略设计，激发学生的学习动机。

按照 ARCS 动机设计模式，在教学活动开始时，教师首先应该唤起并维持学生的对学习活动的注意；然后使学生理解完成这项学习任务与他自身密切相关，建立教学与学生之间的切身性；接着要使其觉得有能力完成任务，使学生产生并维持对学习的自信心；最后学生获得完成学习任务后的满意感与成就感。

一、注意

只有注意被充分唤起才能让新的刺激进入学生的意识阈。教学活动展开的第一步就是激起并维持学生的注意。当教育者进行教学设计时首先需要考虑的就是如何唤起学习者的认知好奇，将他们的注意力有意或无意地指向学习活动。

二、切身性

当认知好奇心被唤起后，学生可能会问："我所学的这些东西和我有什么关系，我为什么要学这些呢？"这些问题所涉及的就是切身性的问题，当学生意识到他们参与的学习活动可以满足他们的需求时，学生的动机水平就会提高。当学生意识到如果他完成这项学习任务可以得到教师与家长的奖励，这种带有功利性质的属于目的指向的切身性。而有的学生会被小组活动之间的协同合作情境或组间的竞争机制所吸引，学生对学习过程的体验更感兴趣，这属于过程指向的切身性，这种切身性常与满足学生需要的教学方法紧密联系。

三、自信心

能力知觉、控制知觉和对成功的期望是影响自信心的三个重要因素。人们认为成功需要一些必要的能力才可以实现，当人们认为他们自己拥有这些能力时，动机就可能会被激发，这是能力知觉对自信心的影响。人们的行为总会产生一定的后果，当人们认为通过自己的努力可以对后果产生影响或者改变后果，那么他们对行为的自信心将会增强，这是控制知觉对自信心的影响。对成功的期望类似于自我实现的预言，如果学生认为他不可能成功地完成学习任务，他就会选择放弃，即使学生的注意力被引起并得到维持，切身性得到体现。

四、满足感

学生的动机会在他们对行为结果的期望与实际的行为结果吻合时被激发并且得到持续。因此，如何创造条件让学生体验满足感与完成学习任务后的成就感是教师设计教学活动的关键。适当运用强化来维持学习动机，当学生认为用来强化的奖励对他们来说是重要的，那么就会在他们的行为和后果之间建立起一种一致的安全感，有利于将学生的动机水平维持在一个较高的水平。

ARCS 动机设计模式对本书中的教学设计、微课设计与制作以及课堂活动的组织等具有很好的启示。在整个教学设计中，教学内容的选择与组织是否能吸引学生的注意，是否与学生已有知识具有相关性，教学目标的设定是否能让学生在教学活动进行中得到自信提升，教学活动是设计能否让学生体验到满足感，微课的内容、时长、呈现方式是否能激发学生的认知好奇心等，都是在进行教学设计时需要解决的问题。在本书中将利用 ARCS 动机模式对基于微课的大学英语课堂教学进行设计。

第二章 基于微课的大学英语教学模式分析——以翻转课堂为例

第一节 基于微课的翻转课堂建构模型

知识传授与知识内化是传统教学过程的两个主要阶段，教师在课堂中通过对知识讲授实现知识传授，在课后学生通过作业练习、操作实践完成知识内化。这种传统形式在翻转课堂中被颠覆，在信息技术与网络技术的支持下，知识传授由学生自己在课前完成，课堂上则在教师指导与同伴协助下实现知识内化。由于教学安排与传统教学完全颠倒，翻转课堂的课堂学习过程改变了原有的教学环节。

美国富兰克林学院的罗伯特·塔尔伯特（Robert Talbert）教授将翻转课堂教学模式应用在计算机、线性代数等课程中取得了良好的教学效果。经过多年教学的积累，Robert Talbert 将翻转课堂分为课前和课中两个主要部分。

在典型的翻转课堂教学模式中，课前活动与课中活动是其主要板块，但这两个板块并不因翻转课堂教学模式而割裂，每个板块都包含具体的实施环节，这些环节将课前活动与课中活动合理地衔接起来，形成一个完整流畅的教学模式。

一、课前活动

1.创建教学视频

在课前活动环节，教师首先需要创建学生自主学习的教学视频。教师可以通过两种方式进行教学视频的创建：选取开放的优秀网络教育资源或针对教学内容自行创建教学视频。针对教学内容由任课教师自行创建教学视频是更常用的方式。教师在制作教学视频的过程中首先需注意视频内容的相关性，充分结合教学内容与教学目标；其次，创建教学视频时应充分考虑学生的实际情况；同时，教学视频的长度不宜过长，一般控制在10分钟左右，有助于学生注意力的维持；最后，为提高学生参与的积极性与互动性，教师可将自己教学动态头像嵌入到教学视频中，增强互动性，并适当添加视觉效果，突出知识要点，提高趣味性。

2.设计课前练习

针对教学视频中所涉及的知识点内容，教师需根据学生已有的知识积累与认知结构，设计相应的课前练习题。作为了解学生课前自主学习情况的方式，练习题的设计应合理地控制数量与难度，以达到强化知识点，增加学生观看视频学习的动力与挑战性的目的。

3.学生自主学习

学生在课前通过观看教学视频进行自主学习，可根据自己的情况自主掌握观看教学视频节奏与时间。在传统的教学模式下，知识点传授由教师在课堂上完成，学生可能会错过某个知识点讲解或无法通过教师的一次讲解完全理解知识点，而在翻转课堂模式下，学生可以通过重复观看教学视频解决这个问题。同时，对于重难点部分，学生可以选择暂停，给自己充分的思考时间，或者即刻记录下自己的疑惑，以便在课堂上与同伴进行交流。在观看教学视频的同时，学生完成针对教学视频内容相应的练习，加强对学习内容的巩固。

4.社交媒体交流

在自主学习的环节中，学生并不是完全孤立的，师生与生生之间的交流也可以通过社交媒体进行。学生在家可以通过社交工具或观看教学视频的学习平台自身搭载的交流工具与教师和同伴进行互动交流，探讨在自主学习过程中或完成课前练习所遇到的问题。教师也可以通过这种方式跟踪学生的学习情况，收集学生在自主学习中所遇到的问题，并将大部分学生都遇到的典型性问题作为课堂协作探讨的问题。在自主学习中利用社交媒体进行交流，可以发挥社会临场感的作用，增强学生的归属感和凝聚力，虽然这个环节由学生独立完成，但学生并不会感到孤单。

二、课堂活动

翻转课堂的课中环节为学生创造一个协作学习，共同探讨解决问题的环境，是学生在一定的情景下通过人际协作活动完成对问题的解决过程。教师依据教学内容与学生的具体情况设计课堂活动的各个环节，充分发挥学生的主动性，让学生在对所学知识的应用中实现对知识的内化。在翻转课堂的课中环节，一般包含以下几个部分：

1.自主学习成果检测

在翻转课堂课中环节，教师首先对学生自主学习的情况做简单快速检测。通常可通过口头提问的形式对学生的课前学习情况做简单了解，同时结合学生所完成的课前学习练习，确定学生在自主学习过程中未能得到解决并且需要提出来共同探讨的问题。教师也可根据教学内容的重难点向学生提出问题，通过这种方式了解学生情况，让学生进入学习状态。

2.学生独立探索

在翻转课堂的课中活动中，教师为每一位学生提供独立思考探索的机会，着重培养学生的独立学习与解决问题的能力。在独立的思考探究中，学生尝试利用新学到的知识去解决问题，知识得到有效的内化，在不断的探索问题与解决问题中构建出自己的知识体系。

3.协作探究

在学生完成独立思考探究之后，通过同伴之间协作探究促进学生对知识点的深入理解与掌握。学生在这个环节中以小组的形式参与到协作探究活动中，与小组成员交换观点和想法，通过小组成员之间的交流、协作共同完成学习目标。教师需根据实际情况选择适当的小组学习策略，如小组讨论、头脑风暴等。教师在这个过程中需扮演好指导者的角色，并且随时关注各个小组的探究动态，及时进行指导。

4.成果展示与交流

通过独立探索、小组协作探究的学习活动之后，学生通过报告、演讲、比赛等形式，将独立探索与小组协作探讨的成果在课堂上展示。各同学或小组之间对各自成果进行点评，共同分享学习的收获。

5.教学评价与反馈

由于翻转课堂教学模式颠覆了传统的教学模式，其特殊性决定了评价体制的变化，评价主体、评价内容、评价方法等都与传统教学模式下的评价体制不同。首先，教师不再是唯一的评价主体，学习者、同伴甚至家长也成为评价的主体；其次，评价内容变得多样化，课前练习成绩、独立解决问题的表现、小组协作探究活动中的表现、成果展示环节的表现都可成为评价的内容，而不仅限于检测的成绩；教师可通过习题检测、课堂观察、同伴互评等方式对翻转课堂学生学习情况进行全面的评价，并将这些反馈的评价结果作为制订下一步教学计划的参考依据。

我国学者也对翻转课堂的各个要素进行的研究，张金磊等研究者将传统课堂和翻转课堂各要素进行了对比。

而随着课堂教学各个环节的变化，师生角色也随之发生变化，课堂时间的安排也将进行重新分配。

（1）教师角色。在传统课堂中，教师是知识的传授者，而在翻转课堂中，教师变成了学习的促进者和指导者。在学生遇到问题无法解决时，教师只是向学生提供必要的引导与支持。教师在翻转课堂中已不再是知识的交互应用中心，但他们仍然是学生完成学习活动的主要推动者。教师角色的转变，对教师的教学技能提出了新的挑战。学生在翻转课堂中成为整个学习过程的中心，他们通过参与实际活动，完成真实任务的方式来建构自己的知识体系。因此，教师需要通过对教学活动进行重新设计来促进学生对知识的内化，促进学生知识体系的形成。

（2）学生角色。在现代教育技术的支持下，学生拥有更多的知识获取途径。学习者可以利用网络在广泛丰富的教育资源中获取自己需要的知识，教育者也可以通过开放的网络平台利用微信、视频网站、博客等技术工具，高效地为学习者提供学习资源。因此，在先进的网络信息技术的支持下，学生可以自我掌控学习时间、学习地点、学习方式、学习内容，成为自定步调的学习者，实现个性化的学习。在翻转课堂中，学生成为学习活动的中心，课前学生通过自主学习完成知识的传递过程，课中在教师的指导下与同伴协作解决问题，实现学习自主性与个性化。翻转课堂为学生创造出一个相互协作的学习环境，需要在高度的参与中根据学习内容，通过师生、生生之间的交流，理解内化知识，促进学生知识体系的形成，学生成为真正的课堂主角。

（3）课堂时间。翻转课堂将知识传授阶段与知识内化阶段颠倒，知识的传授转移至课前由学生自主完成，通过将预习时间最大化延长了教与学的时间；知识的内化则由通过课后完成作业转移到课堂中的学习活动，这就要求教师对课堂时间进行重新分配利用，实现课堂时间的高效化，因此，课堂活动与时间的设计安排成为翻转课堂的另一个核心特点。在翻转课堂中，原先在课堂中讲授的内容被转移到课下，教师的讲授时间减少，更多的时间被留给学生进行学习活动。在课堂上，教师需要为学生创建一些基于现实生活中的真实情境，使学生在这些情境中通过协作互助完成问题探索，增强课堂中学生的交互性。

第二节 国内外基于微课的翻转课堂教学模式典型案例

随着对翻转课堂教学模式研究的不断深入，国内外学者逐步将这种教学模式用于教学实践。本书分别选取了美国林地高中与重庆江津聚奎中学的翻转课堂教学实践作为典型案例分析，进一步探究基于微课的翻转课堂教学模式在不同教学背景下的实践特征。

一、美国林地高中基于微课的翻转课堂教学模式

自 2007 年起，美国林地公园高中的化学教师乔纳森·尔曼与亚伦·姆斯将 PPT 演示和讲解用屏幕捕捉软件录制成视频上传到 YouTube 视频网站上，以此为未能到课堂学习的学生补课。在此基础上，两位教师逐步将学生在家看视频作为教学的一部分，而在课堂上，学生完成作业或做实验，教师为遇到困难的学生提供指导帮助。两位教师没有开发像可汗学院那样的教学平台，由于精力与资金的限制，他们只是将自己制作的教学微视频发布到 YouTube 视频网站，学生通过访问视频网站就可以观看学习这些教学微视频。他们的教学实践逐渐引起教育界的关注，并受邀向同行介绍这种翻转课堂的教学模式。

美国林地高中的翻转课堂教学模式主要由课前、课中和课后三部分内容组成。

1.课前

在课前部分，教师需要确定教学内容，完成教学视频的制作并

发布。教师可以将网络上的优秀教学微视频为学生课前学习的内容，但更多的是需要教师根据教学内容与目标重新设计与制作教学视频。学生在课前部分需要完成教师所分配的课前学习任务，观看教学微视频，并完成相应的练习题，提出并记录在学习中所遇到的问题。教师在此环节还需对学生课前学习情况进行跟踪关注，收集学生完成的课前练习，总结学生的问题，选择课中环节部分的探讨问题为下一个环节做准备。

2.课中

课中部分教师与学生一同参与教学活动，学生是教学活动的中心，教师在活动中发挥指导者的作用。课中部分是林地高中翻转课堂教学模式学生对知识进行巩固内化的部分，是这种教学模式的核心。由于知识的传递已经由学生在课前完成，因此，在这个环节教师不再对知识点进行重复讲解，课中教师与学生探讨课前观看视频学习所遇到的问题，学生在教师指导下做实验。最后，教师将课中一部分作为练习时间，留给学生完成作业，促进知识的及时内化吸收。

3.课后

在这个部分，教师通过对学生在课前与课中两个环节的表现进行评价，并通过评价结果对教学进行反馈，为下一次教学活动提供参考依据。学生对教学微视频和学习活动的安排做出反馈，总结自己在课前与课中教学活动环节的表现。

美国林地高中的翻转课堂教学模式以教学视频的方式将知识的教授环节转移到了课前，通过学生自主学习完成，教师对课中教学活动的精心设计，提高课堂效率。翻转课堂教学模式课中部分，学生通过讨论问题、做实验、练习等环节完成对知识的巩固吸收。课后环节通过师生评价，既是对整个教学的反馈，同时教师可以根据结果对部分学生进行知识补救。在美国林地高中的翻转课堂教学中，学生不再只是一味被动接受教师的知识灌输，他们成为知识传递的主动接受者，拥有自由的空间思考、分析、讨论、解决问题，师生之间有充分的交流互动，学生成为整个课堂的主体。

二、重庆江津聚奎中学的基于微课的翻转课堂教学模式

重庆江津聚奎中学是国内最早进行翻转课堂教学实践的学校之一。作为一所农村中学，聚奎中学根据自身办学特色，不断探索高效课堂教学模式，从 2011 年开始将平板电脑用作课堂教学实验，经过几年的不断探索改进，总结出了“课前四环节，课堂五步骤”的翻转课堂教学模式。课前四环节包括以下几个部分：

1.制作导学案

在充分分析教材内容与学生知识基础的前提下，教师备课团队集体制作导学案。备课教师通过研讨、优化学案 PPT，最后由主备教师和备课组长确认通过后，至少提前一天打印分发给学生。

2.创建教学视频

教师首先分析教材内容与教学大纲，确定学生通过学习须达到的目标，以及确定教学视频内容；然后在考虑不同教师与班级差异性的前提下，收集资源，并制作教学视频；同时需要注意将教学视频的长度控制在一定范围内，一般在 15 分钟以内。

3.学生自主学习

学生在完成对教材的预习的基础上，使用平板电脑观看教学视频进行学习，同时完成学习平台相应的预习自测题。当遇到问题时首先通过组内互助解决，组内无法解决的学习问题由组长记录后交给科代表，科代表整理好后上传至服务器。

4.教师跟踪自主学习情况

教师通过自主学习平台及时关注学生自主学习情况，同时根据收集到的情况调整课堂教学进度、难度，有针对性地制订个别辅导计划。

课堂五步骤包括以下几个部分：

（1）合作探究。自主学习中无法通过组内解决的问题在课堂上由组间互助合作解决。

（2）释疑拓展。教师在课堂上对全班学生都不能解决的学习问题进行针对性讲解，同时根据本班学生的实际学习情况进行拓展和延伸。

（3）练习巩固。学生完成学习平台上或其他资料上的相关练习，对所学知识点进行巩固消化。

（4）自主纠错。学生对自己未能正确解决的问题可通过观看答案详解或教师的习题评析视频进行自主纠错。

（5）反思总结。学生与教师对本部分教学内容进行归纳与梳理。

在进行基于微课的翻转课堂教学后，学校通过问卷调查的形式对教学效果进行调查，统计结果显示，这种新的教学模式受到大部分学生的欢迎，并且能促进学生对知识要点的掌握，教师对翻转课堂教学模式也表示非常认可。聚奎中学能将翻转课堂比较成功地应用于实际教学，究其原因在于没有完全照搬国外翻转课堂的教学模式，而是结合本校办学特色，在不断的实践中总结适合本校的本土化模式，从而有效地解决了学校的实际教学问题。

第三章 基于微课的大学英语翻转课堂教学设计

第一节 教学设计

教学设计是教学活动开展的重要环节，教学活动的顺利有效进行需要教师对各个环节进行合理设计与安排。在本书中，为检验基于微课的翻转课堂教学模式的有效性与适用性，试图将此模式应用于大学英语教学。在此环节中，将利用掌握学习理论与 ARCS 动机理论对基于微课的翻转课堂大学英语教学从学习者、教学内容、教学目标、教学策略、教学评价等方面进行分析与设计。

一、学习者分析

学习者是教学设计环节重要的分析对象，由于后期教学活动都是针对学习者而展开，因此，在对其他教学环节进行设计之前首先应对学习者进行全面的分析。本环节将对学习者从其一般特征、知识基础、能力水平、学习态度等方面进行分析。

1.一般特征

本探究选取的对象是某高校大二的学生，全班总共 40 人，其中男生 5 人，女生 35 人。

2.知识基础

本专业的学生要求在第一、二年级学习大学综合英语课程，在实施翻转课堂教学实践之前已经进行了四个单元内容的学习，因此，已经具有一定的英语词汇、语法、句型等知识的积累。

3.能力水平

在整个班级的40名学生中有27名已经通过全国大学英语四级考试（成绩超过425分），其他学生虽未达到合格标准，但与合格分数线差距不大，因此，所选取班级的学生在英语听、说、读、写、译方面有一定的能力基础。

按照该大学对大学英语课程安排，学生从本科一年级开始已经实行听说课计算机辅助自主学习与课堂教学相结合的模式，每周将有一次集中自主学习的课程安排。而大学综合英语课程则全部按照课堂教学模式进行，但学生需要在课外完成大学英语新标准网络平台上的作业。因此，学生在实施翻转课堂教学实践之前已经进行过自主学习的训练，具备基本的自主学习能力。

4.学习态度

大学英语课程是一门公共必修课，因此，本门课程在大部分非大学英语学生中的重视程度并不高。其次，由于教学内容与学生生活的相关性较低，因此学生对教学内容的兴趣不高。而以教师讲授为主的教学模式比较单一，在一定程度上限制了学生的积极性与参与性，因此不少学生迫于考勤的压力会去教室上课，但实际上并没有在课堂上积极投入课程学习。

二、教学内容分析

本次课选取《新标准大学英语》第三册 Unit 10 Active reading（1）作为主要教学内容。主要内容为文章 Urban myth or urban legends，文章中所包含的知识点主要包括以下几个部分：

（1）重点词汇。文章中出现常用的或《大学英语课程教学要求》中所要求掌握的词汇，这部分内容要求学生对相关的词汇达到识记或者运用的水平。

（2）长难句型。文章中出现的长句与难句，如何分析、理解以及翻译这些句子是主要教学内容之一。

（3）语法知识。本篇文章的重点语法知识点为前缀 sub-的使用。

（4）文化常识。了解文中出现的有关西方神话故事的典故。

三、教学目标设计

本书借鉴布卢姆的认知领域的教育目标分类学对教学目标进行设计。布卢姆的教学目标分类体系由知识维度和认知过程维度的二维模型构成。知识维度与认知过程维度相交之处构成分类表的一个个方格，因而，目标能够被放置在分类表的方格之中，任何一个强调认知的教育目标都能够被归于该表的一个或多个方格之中。见下表。

布卢姆教育目标分类表

知识类别	认知过程					
	1. 记忆	2. 理解	3. 应用	4. 分析	5. 评价	6. 创造
A. 事实性知识						
B. 概念性知识						
C. 程序性知识						
D. 元认知知识						

在知识维度，布卢姆将知识分为事实性知识、概念性知识、程序性知识与元认知知识四个类别。在认知过程维度，布卢姆将认知过程从高到低分为记忆、理解、应用、分析、评价、创造六个层次，如下图所示。

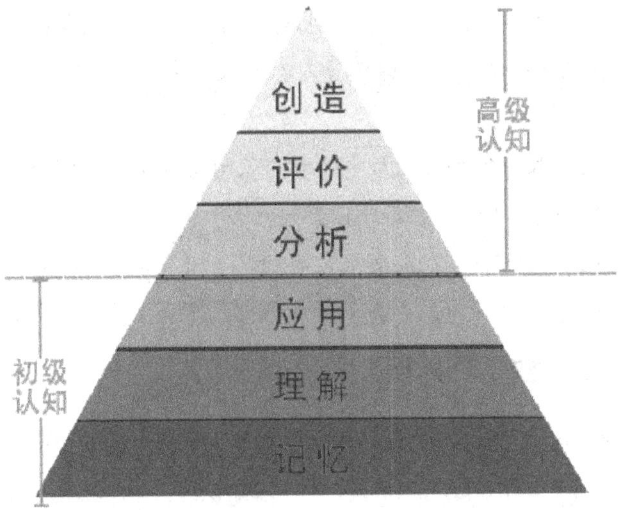

布卢姆认知过程

根据布卢姆的教育目标分类学，对本书基于微课的翻转课堂教学模式的教学目标进行设计。

1.记忆/回忆

（1)认识并能写出(write)以下词汇：credible， durable，dispose，symbolize，secondary， drop off， wipe out；

（2）分辨（tell）同一词汇在不同句子里的含义；

（3）分辨（tell ） symbolize 的不同词性与含义；

（4）正确匹配（relate ） drop 所搭配的介词。

2.理解

（1）概述（outline）文章主要内容；

（2）翻译（translate）文章中重点句子；

就文章内容进行相关话题讨论（discuss ）。

3.应用

罗举（c illustrate）中国相关的神话故事。

4.分析

比较（compare）中西方神话故事传达的主题。

四、教学策略设计

在本书的教学实验中，采用以下教学策略来提高学生课堂活动的参与度与积极性，激发学生的学习动机，促进高效学习。

1.同伴教学策略

同伴教学可以检验学习者及其同伴对于内容的掌握与分析，能够有效地促进学生的参与。通过同伴教学策略，教师向学习者提出一些与常见困惑或误解有关的问题，学生先通过自己思考，组织对这些问题的答案，然后通过与同伴的讨论达成共识。小组的讨论为那些最初未能解决问题的同伴厘清问题，帮助他们形成正确的理解。最后教师组织所有的学生进行讨论，并对讨论过程中难点问题进行适当的补充解释与拓展延伸。

在本书的教学实验中，学生以小组的形式进行协助互助学习，通过组内探讨分析解决问题。在完成翻译文章中重点句子这个教学目标时，学生以小组的形式共同完成对长难句子的翻译，组内形成一致完整的翻译结果后，教师组织各个小组将各自的翻译版本进行比较讨论，点评各个小组的翻译成果，最终形成最佳的翻译版本。哈佛大学教授 Eric Mazur 提出，相比于向教师请教，学生更乐于从同伴那里获得帮助。因此，通过实施同伴教学策略，学生能够更大限度地参与课程教学，增加学习信心，促进学生之间的情感交流。

2.问题导向的自主学习策略

由于目前学生的自主学习能力有限，在没有明确任务要求的情况下，部分学生不能完全自主地完成课前学习任务。因此，根据学生情况，设计了针对课前学习活动的学习任务单，在课前自主学习阶段向学生发放。学习任务单以问题引导学生对文章 Urban myths or urban legends？进行课前自主学习。学生通过自主观看微课视频学习相关词汇、短语、语法等知识点，完成学习任务单搭配的练习题，实现对事实性知识点的建构，完成第一阶段的教学目标。同时，针对重点词汇、短语设置了拓展性问题，促进学生对知识点的深入思考学习。

五、教学评价设计

在本书的教学评价方法上，采用形成性评价与终结性评价相结合的方式对学生的学习情况进行评价。针对学生课前学习任务的完成情况、课中活动参与情况以及教学内容检测情况做出定性与定量评价，主要从以下几个方面进行：

1.随机测评

教师可通过随机测评迅速了解学生对学习任务的完成情况以及对知识点掌握的程度并及时发现学生对教学内容的误解并加以纠正，根据不同学生的情况进行有针对性的指导。测评的方式多样，如采用口头提问的方式对学生课前任务的完成情况进行了解，构成实时的形成性评价，对接下来的教学活动组织形成反馈信息。在本设计中，在课中活动开始阶段采用口头提问方式对文章 Urban myths or urban legends？出现的重点短语随机选取学生进行英译汉与汉译英的提问，掌握学生课前自主预习的基本情况。同时，在整个课中阶段，教师将通过口头提问的方式随时了解学生的课堂学习情况，维持学生对学习活动的注意力。

2.习题检测

课前学习任务单中针对课前学习内容设计检测习题，通过封闭式的习题检测学生对课前事实性知识点的掌握情况，通过定量评价把握学生课前任务的完成情况。此外，在完成整个章节的学习之后，还将设计针对本章节知识点的检测题，通过学生的检测题成绩，对学生在实验教学中所涉及的知识点掌握情况形成定量的终结性评价。

3.成果展示

小组协作任务完成后，小组将由代表把成果与其他小组分享展示。由于教学活动中没有一种展示方式适合所有学生，因此，在成果展示环节，同时鼓励学生以自己喜欢的方式对小组协作完成的翻译任务成果进行展示，促进学生成就感的提升，将多元化的小组成果展示表现作为对学生学习成果的综合性评价的一部分。

第二节 微课设计与制作

一、素材整理

在素材准备阶段，教师需准备好制作教学微视频中将会用到的PPT课件、图片、音频、视频等素材，如在本书中所涉及的教学PPT与用作课前热身引入的视频片段，如下图所示：

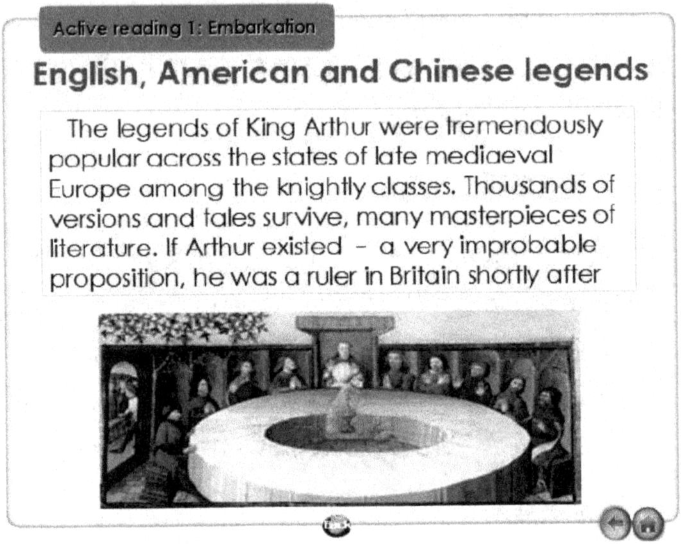

教学 PPT 微视频片段

二、制作微课

根据不同的教学对象，教师可根据教学内容与教学目标采用不同的方法制作微课，目前广泛使用的是电脑+麦克风+录屏软件的微课制作法。教师一边播放教学课件，一边讲解教学内容，利用录屏软件把讲解内容录制下来，并导出为视频文件，生成教学微视频。同时教师也可根据需要在视频中插入讲课的头像窗口，吸引学生注意，调动学生积极性。

第三节 基于微课的大学英语翻转课堂教学活动设计

一、课前学习任务设计

1.课前自主学习任务单

基于微课的翻转课堂教学模式的课前学习活动与传统的课前预习有巨大差别，同时也是翻转课堂教学模式最主要的特征之一。在传统的讲授过程中，老师动员学生做课前预习，因为老师认为带着问题来听课课堂效率会更高。但学生预习是没有指导的，老师上课时并不了解学生的预习情况，依然按照自己的逻辑来讲新知识。这种和学生预习没有关系的上课方式造成很多学生在开学前几周预习，后期就会越来越少地预习。

翻转课堂之前的预习是教师布置的任务，任务不只是要求学生看某个资料或者某个视频，同时也会给学生布置其他任务，如完成与视频资源内容相关的练习题。但是学生有可能在看完微课视频后并不能正确完成习题，这并没有关系，因为学生做这个题的目的是让老师知道学生在什么地方遇到了问题，如同给学生号脉一样。学生完成的作业在课前要提交给老师，这可以借助信息技术平台实现。教师作为一个领域的专家，可能已忘记了新手在接触新知识的时候会遇到什么困难，所以，翻转课堂之前的任务就是帮助老师了解学生存在的问题。在课堂上，教师省略对知识点的重复讲授，而是对学生在完成课前学习任务中所遇到的问题进行解决，促进学生在课堂上对知识的内化吸收。

同时，在翻转课堂中，教师将学生作业作为课上讲课用的例子，对学生作业中出现的问题进行讲解，而不是用教师已经准备好的十几年的经典案例。这种与学生特别相关的例题的出现就会让学生上课的时候产生一种代入感，他们会觉得所讲解的内容与我有关系，有效地切合了 ARCS 动机模式中的切身性原则。翻转课堂另一个很重要的特点就是充分利用老师和同学在一起的时间，来帮助学生消化吸收、答疑解惑，这也是翻转课堂与传统课堂的区别。翻转课堂的预习是有任务设计的，而传统课堂的预习是没有指导的，这是一个本质的差异。为了让学生有目的地进行课前自主学习活动，在基于微课的翻转课堂教学模式中会利用课前自主学习任务单对学生的课前学习的各个环节进行指导。

2.学生课前自主学习，教师收集问题反馈

学生得到教师的课前自主学习资料与自主学习任务单后，按照课前自主学习任务单的指导观看教学视频，完成自主学习任务单中的任务。教师可通过网络平台关注指导学生的自主学习的情况，了解学生在观看微课学习时所遇到的问题。教师通过收集学生完成的任务情况，以及完成自主学习任务单相关练习的情况，总结学生所遇到的问题与学生提出的建议，为下一步课堂教学做好准备。

二、课中教学活动组织

内化与拓展是翻转课堂课中教学活动设计的关键，教师设计组织课中活动的目的在于帮助学生更好地内化知识、理解知识。本书通过分析比较美国林地高中翻转课堂的成功范式和重庆江津聚奎中学的翻转课堂模式，将本书的翻转课堂课中教学活动设计为课前热身、问题释疑、协作探讨和成果展示四个环节。

1.课前热身

课前热身活动使学生处于一种准备学习新知识的状态，全身心地投入接下来的学习活动中。为激发学生的学生动机，此环节基于ACRS动机设计模型，将其作为引起学生注意的重要阶段。教师利用与教学相关性内容的引入，引起学生的注意，调动他们的好奇心，促进学生对课堂活动的参与积极性，唤起学生对学习知识的热情。同时，在本书的翻转课堂课前内容热身环节，教师通过口头提问的方式引导学生回顾课前自主学习的内容，并通过学生的回答形成反馈，为下一环节的问题释疑做准备。

2.问题释疑

本书的翻转课堂课中活动的第二个环节是问题释疑。学生在进行课前自主学习时，由于不同学生之间的知识结构、认知水平的不同，不同学生对知识的认知也会不同，这样就在他们之间产生一种认知不平衡，而新的认知结构就产生于学生之间的这种认知不平衡。在本书的翻转课堂中，学生是课中教学活动的主体，教师将学生在自主学习阶段观看微课学习时所收集到的问题作为讲解例子，这些例子都是学生在自主学习时所遇到的，学生对讲解内容比较熟悉，具有较高的切身性。通过与教师的问题探讨，学生在不断的认知不平衡中形成新的认知，实现对知识的内化。

3.协作互助

学生在对已有问题得到解疑之后，通过学生之间的交流和互助对知识进行深度内化，从而构建出自己的认知结构与知识体系。在传统的教学模式下，学生课后独立完成作业，当遇到困难时无法及时与同伴沟通并获得帮助，此时他们会意识到完全依靠自己的能力无法完成任务，因此学习自信心会受到影响。在本书的翻转课堂课中教学活动将为学生创建一个协助互助的环节，通过同伴交流与合作提升学生完成学习任务的信心。在这个环节中，教师将较难的问题与更具有挑战性的任务交给学生，这些问题的解决或任务的完成通过小组协助的方式进行，然后经过小组成员的讨论协作达成共识。

4.成果展示

经过协作互助环节后，教师引导学生将自己或小组的学习成果进行组间分享与互评。学生将个人与小组的成果进行总结，选出小组代表展示他们的学习成果，同时也可提出值得深入探讨的问题，通过组间问题的深入探讨更进一步促进知识的深度理解吸收。同时，通过组间成果分享展示进一步促进学生之间的交流，小组间通过互评提升对小组成果的认可度，学生在分享中体验共同完成学习任务的满足感与成就感。成果展示可以选择多种方式，根据本书的教学内容特征，主要以主题发言的形式进行，学生也可自由选择其他方式。

第四章 基于微课的大学英语教学模式实证分析——以翻转课堂为例

第一节 实验设计

一、实验目的

此教学实验的目的是通过在大学英语课堂教学中应用基于微课的翻转课堂教学模式，试图改变学生学习态度，提高学生在大学英语课堂中的学习积极性，在教学过程中提升学生学习的主体地位，发挥教师的主导作用。同时试图通过此次实验检验基于微课的翻转课堂教学模式在大学英语教学中的效用，并在实践过程中探索存在问题，不断改进完善，总结出便于推广使用的大学英语翻转课堂教学模式，为其他教育工作者在教学中推行基于微课的翻转课堂教学模式提供实践参考。

二、实验对象

本实验选取的实验对象是某高校大二的学生，总共 40 人，其中男生 5 人，女生 35 人。

三、实验方法

本实验从自然班级中选取了一个班级作为被试组，同时这个班级也作为控制组，选择的实验模式为单因素单组前测后测实验模式，实验模式如下图所示：

实验班	O_1	X	O_2

单因素单组前测后测实验模式

如图所示，O_1 代表对实验班实施的前测；X 代表对实验班的实验处理，在本实验中即采用基于微课的翻转课堂教学模式实施大学英语课程的教学；O_2 代表实验班的后测。教学实验结束后，比较实验班的前测和后测，分析前后测变化，从而验证实验假设，得出实验结论。

四、实验变量

在本实验中涉及的变量有自变量、因变量和无关变量。

自变量：或原因变量，即变化的措施、条件，是引起其他变量变化的变量。在教育实验中，即由教育研究者人为操纵控制、有计划变化的因素。在本实验中的自变量为基于微课的翻转课堂教学模式。

因变量：或结果变量，即因对自变量的操作而变化的变量，在教育实验中需要教育研究者观测的因素。在本实验中，因变量即学生对大学英语课程的学习态度与学习兴趣。

无关变量：教育实验中为证实自变量确实导致因变量变化，就需要排除其他无关的因素的影响，使实验其他的条件保持恒定，这些无关因素即无关变量。在本实验中，只有一个实验组，实验组兼作控制组，并且由本人亲自授课，因此可以较好地控制无关变量，控制实验效度。

五、实验假设

本实验通过选取自然班作为实验班，在真实的教学环境下采用基于微课的翻转课堂教学模式进行大学英语课程教学。此实验的实验假设为：在真实的教学环境下，采用基于微课的翻转课堂教学模式进行教学可以改变学生学习态度，提高学生对大学英语课程的学习积极性，促进学生对大学英语课程学习兴趣的提升。

六、研究方法与工具

1.问卷调查法

在实验前，通过调查问卷掌握学生对大学英语课程的态度与对基于微课的翻转课堂教学模式的了解情况，以此作为观测在实施基于微课的翻转课堂教学后学生态度变化的基础。实验后，针对教学实践中的不同环节再设计调查问卷，目的是了解学生在体验基于微课的大学英语翻转课堂教学后，对大学英语课程的态度以及对基于微课的翻转课堂教学模式的接受程度，最后将两次问卷结果进行调查对比，分析学生在教学实验前后态度的变化。

2.访谈法

在调查问卷的基础上，使用访谈法，以一对一或一对多的访谈方式对学生进行访谈。通过访谈进一步了解学生对基于微课的大学英语翻转课堂教学的态度，以及对基于实验教学模式下大学英语课程的接受程度，以此作为改进完善教学模式的参考。

3.SPSS 统计工具

为了更为准确、科学地掌握基于微课的翻转课堂教学模式对学生学业成绩的影响，在实验的后测中，将设计一套针对课程内容的测验题来检测学生对所学内容的掌握情况。同时，通过将检测成绩与非实验班级的检测成绩进行比较，利用 SPSS 社会学统计工具分析实验班级与非实验班级的检测成绩是否具有显著差异，以此推断基于微课的翻转课堂教学模式与传统讲授教学模式对学生学业成绩影响是否有显著性差异。

第二节 实验过程

本实验选取大学英语课程的一个章节进行基于微课的翻转课堂教学实验，实验流程如下图所示：

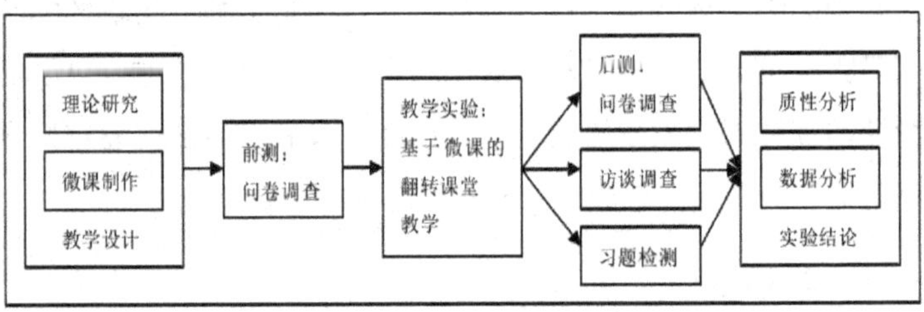

基于微课的大学英语翻转课堂教学实验流程图

在整个实验过程中，首先在掌握学习理论与 ARCS 动机设计模式的指导下对基于微课的大学英语翻转课堂教学模式进行教学设计，并设计制作相关微课视频；然后，在教学实验开始前设计制作调查问卷，并向学生发放，收集学生对大学英语课程的态度与对基于微课的翻转课堂教学模式的了解情况；进入教学实验阶段后，将由同一位教师对大学英语同一章节的内容分别进行基于微课的翻转课堂教学与以教师讲授为主的教学，且教学进度相同；教学实验结束后，将再次向学生发放问卷调查，掌握学生对大学英语课程的态度变化，以及对基于微课的翻转课堂教学模式的接受程度，并就教学实验的具体问题对学生进行访谈调查，进一步了解学生对实验教学模式的体验感受；其次还将分别对实验班级与非实验班级针对所教授内容进行试卷检测，收集学生在两种教学模式下对知识点掌握情况；最后将前后测调查问卷的结果进行量化分析，结合访谈调查结果的定性分析，总结在基于微课的翻转课堂教学模式下学生对大学英语课程态度的变化，结合实验班与对照班检测成绩的统计分析结果，得出实验结论。

一、前测问卷调查

在进行翻转课堂教学实践之前，首先对实验班级的学生进行了问卷调查，收集学生对大学英语课程的态度与对基于微课的翻转课堂教学模式的了解情况，以下是前测问卷调查结果情况分析。

1.前测问卷发放与回收

前测问卷调查对象是某高校大学英语大二学生，全班 40 人，其中男生 5 人，女生 35 人。“基于微课的翻转课堂教学模式前测调查问卷”制作完成后，将 Word 格式问卷制作成电子在线问卷，并在实验班进行翻转课堂教学之前让学生采用手机扫问卷二维码的方式现场完成问卷填写，学生用手机完成问卷后提交，并及时完成问卷回收。其中问卷总共发放 40 份，回收 40 份，回收率为 100%。

（二）前测问卷结果统计

通过对调查问卷结果进行总结分析，我们可以得出以下基本结论：

（1）通过分析调查问卷中1~3题对学生课前预习情况了解的结果可以得知，绝大部分学生都清楚你课前预习对学习《综合英语》课程的重要性，但是并没有课前预习的习惯，并且不清楚课前预习应该如何进行。

（2）问卷调查中第4~9题对学生对于《综合英语》课程的态度情况进行收集，其结果显示只有 25%的学生对当前的以教师讲授为主的教学模式表示喜欢；有 80%的学生认为这种教学模式不太能够或者完全不能激发学生的学习兴趣并且也不能提高他们的学习效率；只有 35%的学生认为这种以教师讲授为主的传统教学模式有利于基础知识的掌握；对于学生自主学习能力的提升，仅有 25%的学生认为当前的教学模式是有利的；同时大多数的学生希望在课堂上可以有更多的同伴之间的交流。由此可见，当前以教师讲授为主的教学模式不能较好地激发学生的学习兴趣，并且多数学生认为这种模式不能提高他们的学习效率与自主学习能力，同时希望在更多的同伴交流中进行课程的学习。

（3）问卷第10~13题调查了学生对于微课与翻转课堂的了解情况。整个班上仅有个别同学了解或听说过微课与翻转课堂，但是大部分学生还是愿意亲身体验翻转课堂教学；并且所有学生认为在翻转课堂中使用的微课长度应控制在15分钟以内。

二、翻转课堂教学

本书选取的教学内容为《新标准大学英语综合教程3》中 Unit 10

Activereading 1 Urban myths or Urban legends？这一篇课文。根据前测问卷收集的信息，笔者对微课视频的内容、长度等做了调整，并根据微课学习内容制作课前学习任务单。整个实验教学流程如下：

1.课前准备

根据选取的教学内容，笔者收集了相关的文字、图片、视频等资料，并结合教学内容制作了教学 PPT，如下图所示：

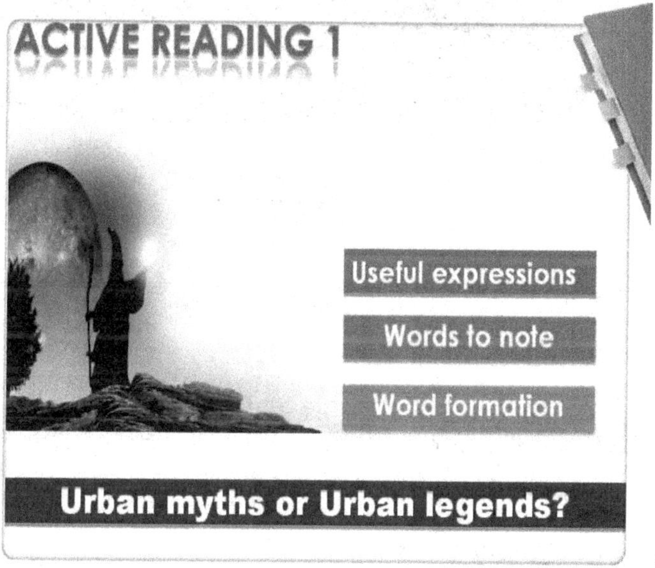

教学 PPT 封面

同时，笔者根据教学 PPT，利用笔记本电脑、麦克风与 Camtasia Studio 录屏软件制作微课视频，并根据前测问卷所收集到对于微课的要求，对微课视频的内容与时长做了调整，最后将整个微课视频时长控制在 11 分钟内。

微课制作图

教学 PPT 与微课视频制作完成后，根据教学内容与微课视频的内容，设计课前学习任务单。

学生在进行课堂教学之前提交课前学习任务单，笔者收集学生的完成情况，并总结学生在课前学习中所遇到的问题与提出的建议，为下一环节课中翻转课堂教学做准备。

2.课中翻转课堂教学

（1）课前热身。正式课堂教学活动开始后，教师首先引入相关话题，以西方广泛传播的传奇故事的介绍引起学生兴趣，激发好奇心，唤起学习的积极性。然后再引入中国的民间传说图片，让学生通过看图猜出图片中所代表的传说故事。通过这种方式唤起了学生已有的相关知识，学生也积极地参与到这个活动中。

话题引入之后，笔者再通过结合教学 PPT，以口头提问的方式对课前学习练习题中 useful expression 部分进行英汉互译提问，通过一对一回答与集体回答的方式检测学生文章熟悉程度与课前预习情况，帮助学生回顾课前学习的内容，为下一步问题释疑做准备。

（2）问题释疑。在进行课堂教学之前，学生已经将在课前完成的自主学习练习题提交，笔者对所有提交的练习题进行分析，总结出学生在通过微课进行课前自主学习所遇到的问题，课堂教学中问题释疑这个环节就将对这些问题进行针对性的讲解。通过分析学生自主学习练习题的完成情况，笔者总结了大部分学生在学习时所遇到的问题，如 duration 这个单词相应短语的使用，drop 搭配短语的意思，sub-前缀的使用等。在这个环节，笔者就将这些问题再次提出，为学生做分析讲解。在完成用 duration 的相关短语翻译“旅客在飞行期间不允许抽烟”这个句子时，学生所提交的答案中有不同的翻译版本，在这个环节中，笔者将三个典型的翻译版本展示出来，与学生一起分析讨论，解决学生在翻译时所遇到的问题，在交流与探讨中加深理解，强化学习效果，实现对这个知识点的内化。

（3）协作互助。问题释疑环节将学生在课前自主学习所遇到的问题解决后，接下来是对文中的重难点进行讲解。在这个环节中，采用同伴教学法，通过同伴之间的交流与互助，共同完成学习任务。例如在翻译重点句子时，学生以小组协作的方式分别翻译，然后在组内同伴间通过讨论协作达成共识，形成各小组最后的完整翻译版本。在这种小组协作中观察到，小组讨论帮助一些没有理解的小组成员厘清了他们的问题，通过交流对个别重难点短语与词汇形成了正确的理解。同时，笔者也适当地参与到学生的小组讨论中，给予及时的指导和帮助，澄清学生错误的认知。在协作互助这个环节，学生对课堂活动的参与度有较明显的提高，学生课堂的主体性得到体现，而教师成为小组协作的指导者与促进者。

（4）成果展示。在学生进行小组协作互助之后会形成小组的学习讨论成果，在这个环节里，学生就将对小组学习成果进行分享展示。在这个环节中，笔者组织各个小组选派一位代表展示其小组的翻译结果，并提出小组在翻译时所遇到的问题，同时也进行组间互评，并通过集体讨论解决其他小组所遇到的问题，在组间形成了协作互助。在这个环节中，教师主要为讨论创建一个平等自由的氛围，通过引导各小组展示翻译成果，并对各小组的成果进行综合点评，同时也对各小组都没有掌握的知识点进行补救讲解，促进学生对知识点的掌握与运用。

三、后测问卷调查

在进行翻转课堂的教学实践后，笔者向实验班学生发放“基于微课的翻转课堂教学模式后测调查问卷”，收集学生在体验翻转课堂教学后对大学英语课程的态度变化情况，以及对基于微课的翻转课堂教学模式的接受程度。同时制作针对教学内容的检测试卷，检测实验班在翻转课堂模式下对知识点的掌握情况。

1.后测问卷发放与回收

后测问卷调查同样采用手机扫描问卷二维码的方式现场完成问卷填写，学生用手机完成问卷后提交，并及时完成问卷回收。其中问卷总共发放 40 份，回收 40 份，回收率为 100%。

2.后测问卷结果统计

通过对后测问卷进行统计分析，对相关问题进行了整理和分析。在传统教师讲授为主的教学模式下，有 25%的学生认为是有利于提高自主学习能力的，接近一半的学生对提升自主学习能力感觉一般；在翻转课堂模式下，相比于传统教学，认为有利于提升自主学习能力的学生有显著上升，从前测的25%上升至65%。由此可知，翻转课堂教学模式在提升学生的自主学习能力上比传统的教学模式更有优势。

四、访谈调查

在进行翻转课堂实验教学后，笔者对学生进行一对一的访谈，进一步了解学生对大学英语课程的态度以及对基于微课的翻转课堂教学模式的接受程度。

问题：你喜欢这种基于微课的翻转课堂教学模式吗？具体哪些环节或部分是你比较喜欢的，哪些部分又是你不太喜欢的呢？

学生 A：我觉得这种教学模式挺新颖的，比较灵活，如果以这种方式上综合英语课我还比较有兴趣。我比较喜欢的就是课前自主学习环节，这种方式可以让我们自主完成课前的预习，以前我都是不会做课前预习的，即使要做预习，也不太清楚到底应该怎么去做。而且用微课这种方式很方便，可以根据自己的时间安排来选择什么时候观看，里面的知识点总结得也挺好，重点短语词汇比较突出，不必通篇看知识点。如果上课讲的话，虽然讲了很多，但是基本上都没记住，后面也就失去耐心听了。我自己觉得不太好的地方就是练习题有点太多了，因为课前看微课要完成任务单上的作业，还有书上的练习题，最后课上完之后还有测试题，就感觉练习题有点多，如果能适当减少，应该会更好一些，我们也没有这么大的作业负担。

学生 B：我还挺喜欢这种教学模式的，最明显的区别就是我们的参与度提高了，一直都在讨论问题，都没有时间玩手机了，所以我比较喜欢的就是课堂讨论交流与成果展示部分。这种教学模式有较多的同伴之间的交流，让我们有更多的时间去讨论一些问题，而不是老师在上面一直讲。其实我们都还是很希望有更多同伴之间的交流的，这样课堂的氛围也会更加轻松，不会太沉闷，不太自信的同学在同伴的帮助下也会参与到任务中来，因为这样他们的压力会减小很多。以前的上课模式教师没有给这样的机会，或者是因为讨论的问题不清楚，我们也不知道讨论什么，以至于我们就不怎么讨论了。最后的成果展示部分可以让我们与其他小组分享探讨学习的成果，这种方式让我们发现其实每个小组都有值得学习的地方，既可以深化对知识点的理解，同时小组之间的认可也提高了我们的成就感。我觉得还需要改进的地方就是更多地拓展一些课外的内容。有的时候可能教学的内容会比较枯燥，但是老师可以找一些跟内容相关的有趣的问题让我们来讨论，这样大家的参与度就会提高了。

学生 C：我比较接受这种教学模式，尤其是课前自主学习的部分。因为我自己还是会做课前预习，但是也就是做做课后练习题，对其他知识点也没有太多深入的学习，而课堂上老师会挨着讲，但是自己又抓不住重点，到后来就都忘了，效果不太好。首先自主学习的时间灵活，我一般会安排晚上的时间来自主学习，观看微课，然后做课前任务单上的习题。微课上讲的知识点看得出来是老师筛选过的，虽然涉及的知识点不是很多，但是重点和难点都比较突出，很有针对性，而且对不清楚的知识点还可以反复观看，这一点是课堂讲授无法做到的。其次就是课前对微课知识点的回顾与问题解析，这个部分就很好地解决了我们在学习微课时所遇到的问题，而不是做了就做了，没有巩固，这个环节对理解不清楚知识点有很好的帮助。还有就是课后的测试题也挺好的，可以在学习完一课之后检测一下到底掌握了哪些内容。其他问题的就在担心如果知识点的内容增多之后微课的质量，因为这次涉及的内容比较少，微课就比较精练，如果内容增多微课的质量是否可以得到保障。

学生 D：我觉得这种模式一般，可能是因为只上了一篇文章，对这种模式的体会还不是很深刻。我自己的体会就是课堂的气氛的确要活跃得多了。课前任务对自主学习能力要求挺高的，这对我们有好处。也许是以前都是老师在讲，自己听就可以了，现在更多地需要自己来做还有点不习惯，我其实还想最多体验几次翻转课堂，这样就可以更好地了解这种模式。

通过对学生访谈调查的结果总结可得知，学生对基于微课的翻转课堂教学模式的接受程度较高，普遍认为这种教学模式可以提高综合英语课程的积极性，提升课堂参与度；其次课前自主学习环节对学生的自主学习能力提出了较高要求，但学生都能比较顺利地完成，这种方式学生也比较接受，并且能意识到这种方式对他们自主学习能力的培养是有帮助的；学生对课堂活动中同伴交流环节的增加有一致认可，对这种讨论交流，共同解决问题的方式既可以提高同学的参与自信，在同伴互评阶段也提升了学习成就感；此外，学生对教学内容的组织比较满意，主题的趣味性与相关性结合得较好。综上所述，学生对基于微课的翻转课堂教学模式接受较好，满意度较高，这种模式对整个教学效果有所提升。

五、教学内容检测

在问卷调查与访谈调查的基础上，笔者还针对教学内容设计了检测试卷，对学生在翻转课堂教学模式下学习效果进行检测。笔者在对实验班级进行基于微课的翻转课堂教学实验的同时，也选取了一个对照班级，对相同的教学内容采用以教师讲授为主的传统教学模式进行教学，最后对两个班级进行教学内容检测。

实验班的检测成绩平均分为 94.22，对照班的平均分为 89.97，实验班整体平均分高于对照班；两个班级的最高分都为 100 分，但实验班的最低分为 84，高于对照班的最低分 80。由此说明，与传统教师讲授为主的教学模式相比，基于微课的翻转课堂教学模式对促进学生成绩提升有更好的效果。由此可以说明，基于微课的翻转课堂教学模式与传统教师讲授为主的教学模式对学生检测成绩的影响具有显著差异，在基于微课的翻转课堂教学模式下，学生取得的成绩更好，因此，这种教学模式比传统教师讲授为主的教学模式教学效果更好。

第三节 实验结论

通过基于微课的翻转课堂教学实验，对实验班学生前后测问卷调查结果分析，以及结合访谈调查与检测试卷成绩分析，学生对大学英语课程的态度有比较明显的变化，具体可得出以下实验结论：

第一，与传统教师讲授为主的教学模式相比，基于微课的翻转课堂教学模式可以提高学生对大学英语课程学习的积极性，并提高对大学英语课程的兴趣，学生的课堂学习参与度也有所提升。

第二，在基于微课的翻转课堂教学模式下，学生整体的成绩高于传统教学模式，翻转课堂教学模式有助于学生学习成绩的提升。

第三，学生对基于微课的翻转课堂教学模式接受情况较好，相比于传统教师讲授为主的教学模式，学生更喜欢这种新型的教学模式。

第五章 基于微课的大学英语自主学习监控策略

学习策略是学习者在学习活动中有效学习的程序、规则、方法、技巧及调控方式。学习策略对学生自主学习能力和终身学习能力的培养是至关重要的。当代认知心理学家认为：没有任何教学目标比“使学生成为独立的、自主的、高效率的学习者”更重要。教会学生学会认知、学会学习，学会在自主学习过程中重新进行知识的建构是提升学生自主学习能力的有效途径。在信息化时代，一个称职的教师不仅要“授人以鱼”，更要能“授人以渔”。正因为如此，国内外教育学界及外语界对自主学习策略展开了充分的研究，并取得丰富的研究成果。这些前期研究为基于网络环境的大学英语自主学习策略及监控奠定了厚实理论基础。

大学英语自主学习监控按监控过程可分为学习前的监控、学习中的监控和学习后的监控。按监控不同维度可分为对学习目标与计划的监控、对学习内容的监控、对学习时间的监控、对学习过程的监控及对学习结果的评价、反思与总结。按其监控路径则可分为内部监控和外部监控两种。内部监控也叫自我监控（自控），是指学习者以自己正在进行的学习活动为意识对象不断进行自我监控和自我调节的活动，包括对自身学习活动的计划、监察、检查、评价、反馈、控制和调节的一系列过程。外部监控（他控）是教育管理者、教师或学习同伴通过传统监控方式或网络媒介平台进行监控，通过对学习情况的评价、反馈、调节、强化等手段来影响学习者的学习过程，从而有效监控学习。在自主学习监控过程中，内部监控是监控的内在动力与监控主体，外部监控通过培养学生的自我监控能力发挥作用。二者相互作用，共同促进学习者自主学习意识和自主学习能力的提升。

自主学习监控策略作为学习策略的重要组成部分是任何自主性学习者在学习实践活动中必须掌握和反复实践的。按监控路径有内部监控策略和外部监控策略之分。

第一节 内部监控策略

内部监控策略包括自我监控策略和学习资源管理策略两种。前者含情感调控策略与元认知监控策略；后者含学习时间管理、学习环境管理和寻求他人帮助等策略。

一、自我监控策略

外语学习的自我监控策略指的是学习者在语言学习实践活动中为达到预定的学习目标，将自身正在进行的语言学习与语言实践活动过程作为对象，不断地对其进行积极、主动、自觉的自我计划、自我监督、自我检查、自我反思、自我评价、自我反馈、自我控制、修正与自我调节的过程。美国著名的教育家杜威、心理学家桑代克及认知发展心理学家皮亚杰等学者曾分别从不同的角度论证说明了积极监控行为在智力活动与学习活动中的重要性。研究表明，学习者对自身学习的知觉以及随后对自己学习活动所实施的控制和调节是影响其外语学习成绩和自主学习效果的重要因素。自我调控策略包括元认知监控策略和情感调控策略。

（一）元认知监控策略

1.元认知与元认知策略

“元认知”概念最早是由美国心理学专家 Flavell 在 20 世纪 70 年代提出的。Flavell 用“元认知”这个术语来特指学习过程中的意识。元认知是学习者对自己认知活动的理解，是学习者评估自己知识及他人如何理解自己信息的能力。Flavell 认为“元认知”就是认知主体对自身认知活动的认知，既包括认知主体对自身心理状态、能力、任务目标、认知策略等方面的知识，又包含认知主体对自身各种活动的计划、监控、评价和调节。

O'Malley 和 Chamot 是关于学习策略研究的最有影响力的学者之一，他们依据学习认知心理过程把学习策略分为元认知策略（metacognitive strategies）、认知策略（cognitive strategies）和社会/情感策略（social/affective strategies）三大类。O'Malley 和 Chamot 认为这三种学习策略中元认知策略高于另外两种学习策略，因为元认知策略是为了成功学习一门外语而采取的管理步骤，是学习者调控学习进程的行为，是一种高层次的实施性技巧，可以对学习进程进行计划、规范、监控指导。牛津（Oxford）认为，元认知策略涉及确定学习重点，安排学习计划和评价学习效果。在外语学习中，要使外语学习能成为学习者自觉、能动的认知活动，可利用元认知策略对外语学习的全过程进行有效的规划、监控和评价。元认知策略是策略结构中的枢纽，在学习过程起着连接、沟通和协调学习策略系统内外各因素的作用。元认知策略是一些基本的思想方法，不但涉及认识和分析语言学习规划、制订学习计划、监控、调控和评价学习活动，也涉及监控和评价认知策略与技巧及情感或社会策略的使用情况。O'Malley 和 Chamot 指出，“缺乏元认知策略的学习者，根本没有方向或机会计划他们的学习、监控他们的进展情况或评价他们的学习效果和确定未来学习的方向”。

2.自主学习与元认知的关系

随着学术界对元认知策略研究的关注及其相关研究的兴起与发展，自主学习开始受到教育界及语言学界学者们的广泛关注。Holec认为自主学习就是学习者在学习过程中“能够对自己的学习负责，也就是说，能够对有关学习各方面的问题进行决策”。关于什么是自主学习？自主学习该如何给予恰当的定义，学术界始终没有达成一致意见。有人认为自主学习是指学习者能够管理自己的学习方式，根据自己的实际情况独立确立学习目标、制订学习计划、选择学习方式和策略、监控学习过程、监控学习计划的实施以及学习技能的运用和发展，进行自我检查评估与逐步发展。实际上，传统的英语教学往往只注重语言知识的灌输和英语技能的培养而忽视外语学习者个体能力差异、忽视学习者认知风格和认知策略的不同，没有给学生更多自主学习的机会。如果学习者过分依赖老师，不能独立自主设定自己的学习目标与计划，也不能选择适合自己的学习策略，那么这样的学习者是难以实现其学习目标的。

从以上元认知和自主学习的定义及相互关系的论述中，我们可以看出这两者并不矛盾。相反，它们在很大程度上是相通的，因为元认知和自主学习都强调学习者对自身学习的监控、调节和评估。它们之间是相辅相成、互为前提、互相促进的。元认知理论为学习者提供了自主学习的理论基础，使自主学习成为可能，自主学习是元认知理论在学习方面的具体体现。学习者的自主学习是一种自己对自己的学习过程负责的能力，这种能力要依靠元认知策略来帮助学习者得以实现。

研究表明，元认知与个人的自主学习能力有显著相关。元认知能力越强，学习能力越高。元认知能力强的学生能体验和意识到各种学习变量和学习方法的关系，善于使用各种学习策略。在自主学习过程中，元认知能力制约着学生对知识的感知、记忆、理解和运用，自主学习效率的高低、学习成功与否在很大程度取决于学习者的元认知发展水平。

3.自主学习中的元认知策略培训

经过一段时间的摸索和试验后，研究者逐步达成了共识。他们认为外语学习策略的训练应该系统而长期地进行，将策略培训与外语教学相融合。教师向学生展示和示范将要使用的策略，学生结合教师所演示的策略，把它们应用到学习任务中。策略训练的目标不在于掌握策略的本身，而在于提高学习者的策略意识、增加他们策略的选择范围，逐渐培养他们的自主学习能力，提高在学习过程中的自我监控和自我调节的能力。

严明（2008）的研究表明，在实际大学英语教学中，如果要提高学习者的元认知能力，英语教师可以尝试从以下六个方面进行：

（1）要让学习者明确学习目标，了解学习任务。教学目标在课始、课中、课末时，都对学习者的行动分别有导向调节、标准功能。在教学过程中要把本课堂的具体要求和应达到的程度都告诉学习者，让学习者心中有数，明确努力方向。

（2）要让学习者掌握学习材料。培养学习者认真分析每种学习材料的性质、结构、难度、主次的能力，以便他们能合理分配学习的时间和注意力。

（3）要让学习者注意学习策略的使用。在解决学习任务之前，要让学习者充分考虑哪些策略可供使用，哪些策略能有效解决当前的学习任务，要有意识地学会选择有效学习策略。

（4）要让学习者把握自己的认知特点。教师要引导学习者充分认识自己的认知特点，了解自己的学习风格，并积极探索适合自己的英语学习方法。

（5）要让学习者学会对自身的学习过程进行有效的自我调节。教师要有意识地培养学习者在学习过程中能敏锐判断可能会出现的困难、障碍，准确分析这些问题出现的原因，并能适时地进行调整，总结有效的学习方法。

（6）要让学习者学会自我发展。教师要善于激发学习者更大的成就动机和内在动力，激励学习者朝自己所定的目标去奋斗。

Oxford（1990）在 *Language Learning Strategies* 一书中提出了学习策略训练“八步法”的模式：①确定学习者的需求和可利用的资源；②选择适当的学习策略；③考虑综合策略训练的优势；④考虑动机因素；⑤准备材料与设计活动；⑥操作“清晰和自觉的策略训练”；⑦评估策略训练；⑧矫正策略训练。Chamot 和 O'Malley（1990）提出认知性语言学习方法（the Cognitive Academic Language Learning Approach，简称 CALLA）。CALLA 模式是从认知的角度研究语言的学习和策略的培养的。该模式指出，语言的学习是一项复杂的认知技能，必须经历一系列的阶段，如深入的练习和及时的反馈等，才能达到完全自主的学习状态。CALLA 程序设计的学习策略教学包括准备、展示、操练、评价、扩展五个阶段。以上所述的 Oxford 的策略妙训练“8 步法”模式和。O'Malley 和 Chamot 所设计的 CALLA 模式得到最广泛的认可。

综合上述研究和观点，结合教学实践，自主学习中的元认知策略培训应从以下几个方面着手：

（1）培养学生自主学习的意识，增强学生自主学习的意愿。教师应该让学生意识到只在课堂上学习知识是不够的，是不足以掌握好一门语言的；课下进行知识拓展，并结合自身外语水平和学习情况加强听、说、读、写、译等方面的技能训练十分必要。此外，教师应该进行有效的引导，为学生提供多种渠道去获取更多的知识，并通过对文化、社会、文学知识的简单介绍增强学生对某个方面的研究兴趣，从而产生课下自主学习的强烈愿望。

（2）帮助学生纠正错误的思想观念，克服心理障碍。例如，一些学生由于基础薄弱或者初级阶段外语学习条件的制约导致口语水平较差，就把自己的落后归因于学习能力差，对自己外语水平的提高没有信心。此外，他们认为自己和优秀学习者相比较没有任何可取之处，因此在课堂上紧张、畏惧，就更加不利于自己水平的提高。教师要鼓励这些学生客观地认识和评价自己外语学习中存在的问题，找到真正的制约因素，并鼓励他们和教师及优秀学习者增进交流，了解更多更适合自己的学习策略。

（3）以“学生为中心”设计课堂活动，使学生充分发挥学习的积极性和创造性。转变传统的以教师为中心的教学模式，为学生创造发挥主观能动性的机会，给他们思考和行动的空间和自由。例如，课前布置预习任务，课上针对疑难问题提问并鼓励学生互相解决，教师给予总结归纳。还可以提供主题，布置小组任务，鼓励学生展开讨论并积极展示自己的讨论成果。通过各种方式使学生形成积极思考，独立解决问题的习惯。

（4）帮助学生了解和掌握自主学习的技能。教师在教学过程中要有目的、有意识地给予学习策略的指导。帮助学生发现、了解并利用词汇、听力、写作等方面的规律和技巧，逐渐帮助学生形成在学习中发现、总结规律的习惯，并学会根据自己的学习需求和特点在实践中利用这些学习规律，形成适合自己的学习方法与学习风格。

（5）引导学生对自己的学习结果进行客观的反思和评估。教师应该引导学生反思自己学习的特点和方式，发现并发挥自己的优势和特长，同时也发现自己的弱点和不足，然后寻求更加有效的学习方法。

总之，教师必须注重元认知策略的培训，只有这样，才能真正提高学生的自主学习意识，培养学生独立分析和解决问题的能力，真正解决自主学习的核心问题。

4.元认知监控策略的内涵

元认知是学习策略中的一个重要概念，它是对认知的认知，即个体对自己的认知过程和结果的意识与控制。元认知包括元认知知识、元认知体验和元认知监控。在元认知的三个要素当中，元认知监控最为重要。元认知监控是指学习个体在认知活动的全过程中，不断地对认知活动进行积极的监督、控制和调节，以达到一种最佳认知效益状态。元认知监控过程主要表现在对学习计划、监督和调节三个相互联系的环节上。教师在教学过程中对教学策略的调节和学生在学习过程中对学习策略的选择、使用与调节均属于元认知监控内容。元认知监控具体体现在对学习目标的坚持性、学习策略的有效性、注意分配的合理性、利用时间的合理性及学习效果的有效性等方面的监控。（张大均，2003）。

元认知监控的构成成分体现在三个方面：①意识性：即在学习活动中清楚知道自己的学习目标、学习对象和学习任务；②方法性：指在学习活动中选择并采取适合自己个性特点和特定学习内容的学习策略；③执行性：在学习活动中能有效控制并督促自己去执行学习计划、排除各种干扰因素、克服焦虑情感，保障学习的顺利进行。

在自主学习过程中，有效使用元认知监控策略需做到以下几点：

（1）科学设定学习目标、制订合理且可行的学习计划。在计划执行过程中可以采取自我提问方式监控计划的执行。学习者可经常反问自己：我要学什么？怎样学？学习效果如何？是否实现了预期设定的学习目标？通过这种方式可以不断增强学习者的自我监控意识、提升自我监控能力，尤其是元认知监控能力。

（2）不断进行自我反省。自我反省也可称为自我反思。主要用于对学习方法和策略的指导，其主要内容包括反思掌握知识的认知过程，即对学习方法和对寻找解题路径的过程进行反思。

（3）适时进行自我调节。自我调节是学习者对已经完成的学习活动极其结果进行自我意识、自我评估，弄明白自己到底学了些什么。自我调节的学习是指学习者为了保证学习的成功，提高学习效率，达到学习目标、主动地运用与调控元认知、动机与行为的过程。

（4）提高自己元认知监控能力。研究表明，元认知监控能力与自主学习能力有显著相关，提高元认知监控能力实际上是提高学习者进行自我规划、自我调节的能力，如归纳总结一些元认知监控策略，提高监控水平与监控能力。

（二）情感调控策略

情感因素作为非智力因素在大学外语教学与自主学习中起着非常重要的作用，学习者在学习过程中对自身情感因素的调控直接关系到语言学习的效果甚至关系到语言学习的成败。

情感是指学习者在学习过程中的感情、感觉、情绪、态度等。在外语学习中，情感心理可以分为学习者个别情感因素（含学习动机、归因方式、自我效能、焦虑、抑制、自尊、自信心等）和学习者与学习者之间以及学习者与教师之间的情感心理（包括移情、课堂交流、跨文化意识等）（张庆宗，2007）。情感因素的自我调控是学习者个体有意识地发挥各情感因素的积极作用，排除或减小情感因素的消极作用。情感调控策略主要体现在对学习动机、归因方式、自我效能、自信心、学习态度、焦虑等情感因素的控制与调节。积极的情感参与是学生自主学习的动力因素，如教师的鼓励与关爱都会使学生感受到教师是关注他的，从而激发一种内在学习动力去回报教师的关爱与期望，就有可能产生一种“皮格马利翁效应”，这种效应有利于孩子的成长与发展。下面重点介绍学习动机、归因方式、自我效能感等情感因素。

1.学习动机

外语学习动机是直接推动学生外语学习的动力。不同的研究者从不同的角度对学习动机进行了不同的研究分类。Gardner&Lambert（1972）将动机分为综合性动机（integrative motivation）和工具型动机（instrumental motivation）。前者指学习者对目的语社团有特殊兴趣，期望融入该社团的社会生活，后者则指的是学习者为了某一特殊目的，如通过考试、出国、获得理想职位等而产生的学习愿望。影响学习动机的因素涉及认知（自我概念、自我效能、效价、主体感）、情感（包括动机、态度、需要、自信心、焦虑等）和社会环境（包括社会需求、外语教师、家长、同龄人、教学大纲等）等（张庆宗，2007）。Gardner（1985）指出，动机是语言学习成功的最主要因素，因为动机和态度共同决定了学习者个体积极参与语言学习的程度，并决定着学习策略的选择。Oxford（1989）也曾指出，在所有可测量的变量中，动机是所有学习策略使用中最具影响的因素。

2.归因方式

归因是指个体对自己的成功或失败所做出的因果解释。心理学研究表明，人对自己或他人的行为有一种比较稳定的归因倾向，有人倾向于行为的内部归因（能力或努力），有人倾向于行为的外部归因（运气或任务难度）。Weiner 认为，学生一般将自己的学习成败归因于四个因素：能力、努力、任务难度和运气，并将四个因素分成控制点、稳定性、可控性三个维度。

根据控制点维度，可以将学习成败原因分成内部的和外部的。根据稳定性维度，可将原因分成稳定的和不稳定的。依据可控性维度，又可以将原因分成可控的和不可控的。能力是一种内在的、稳定的、不可控的因素；持久努力是一种内在的、稳定的可控因素；任务难度是一种外部的稳定的不可控因素；而运气则是一种外部的、不稳定的、难以控制的因素。学生对学习归因的方式与其学习策略的有效使用密切相关。有研究表明，学习的努力归因与学习策略各项都存在着非常显著或显著的正相关关系；研究结果表明，凡是把学习成败归因努力程度者，其学习策略水平都高。因为为了取得好成绩，这些学生在后续学习过程中，他们会根据学习需要自觉调整学习方式、激发新的学习动机、端正学习态度、改善外部学习条件或调控学习计划与学习行为，表现出比较高的策略水平。

研究表明，学习者关于学习成功或失败的归因倾向于对自主学习有非常重要的影响。齐默曼（Zimmerman）（1990）认为，如果学习者将自己的学习成功归因于能力，而将学习失败归因于努力程度不够，那么就更容易激发学习者学习的自主性；相反，如果学习者将自己的学业成功归因于外部不可控因素，而将学业失败归因于自身能力不足，那么就会影响其自主学习的主动性。Weiner 认为，那些将学习失败归因于稳定的内部因素的学生，在学习过程中往往表现出消极、焦虑、低自尊。张庆宗认为，学习者倾向于将自己的学业失败归因于可以弥补的或纠正的原因，而将学习成功归因于自己的能力；即使学习不断伴随着不良的学习结果，这种自我保护性的归因也会引起积极的自我反应。如果学习者个人将成功或失败归因于学习策略的运用，也会直接诱发他们积极的自我反应，如调整学习计划、改善学习策略，反之，如果将成败归因于自己的能力太差，则有可能引起消极反应，如放弃努力、悲观丧气等。可见，积极的归因态度有助于学习者自主学习能力和水平的提高，消极的归因态度则不利于学习者的自主学习。

3.自我效能（self-efficacy）

自我效能论是社会认知学派代表人物班杜拉（Bandura，1977，1986）提出的一种动机理论，自我效能指个体对自己能否胜任某项活动的自信程度，即“个体在执行某一行为操作之前对自己能够在什么水平上完成该行为活动所具有的信念、判断或主体自我把握与感受”。自我效能论作为一种动机理论，其理论基础是三元交互决定论，即从个人、行为和环境交互作用的角度来理解自主学习问题。研究表明，自我效能感是影响学生自主学习的重要内部因素。自我效能感具有四大重要功能：①影响或决定人们对行为的选择以及对该行为的坚持性和努力程度。如果学习者的自我效能感强，则更具坚持性和恒心。②影响学生对待学习困难的态度。学习效能感越强，越具有挑战困难的勇气，更愿意挑战完成有一定难度的任务，反之，自我效能感低的学习者则比较容易气馁。③影响学习者的思维模式，进而影响新行为的习得和行为表现。④影响学习者的情感反应模式，即影响学习时的情绪。高效能感个体在与环境发生交互作用时，通常非常自信地认为自己有能力把握环境，因而能将注意力集中在任务要求及困难的把握上，通常具有积极、平静的良好情绪；而自我效能感低的个体则会更多地将注意力放在可能失败和不利的后果上，其结果是产生焦虑或恐惧的情绪，从而阻碍已有行为能力的表现。总之，高自我效能感个体在学习过程中通常表现得自信、积极、勇于挑战困难；而低自我效能感个体则显得不自信、焦虑、恐惧与不安，经常会逃避困难。

国内外许多学者的研究表明，自我效能感是影响学生自主学习的非常重要的动机因素，学生的自我效能感与其认知策略、控制策略，努力程度呈显著相关，Schunk（1982，1983）认为，在自主学习过程中，自我效能感既影响学习者的目标设置过程，又影响其学习的自我调节过程。学生的自我效能感越强，他们通常为自己设置的学习目标越高，对学习的自我调节能力也越强。自我效能感也影响学生对自主学习策略的运用。学习策略的低水平与自我效能感的低水平是并存的。自我效能感在自主学习计划、行为表现和自我反思阶段都会产生相应的影响。相信自己能完成学习任务的学生，会更主动地运用认知和元认知策略，学习也会更加努力。自我效能感高的学生能更有效地使用自主学习策略、监控学习过程，碰到困难时更能持之以恒。同时，随着自我效能感的提高，学生对自己的学习结果所做的评价会提高，学习自如地进入一种良性循环状态。Zimmerman（2000）的研究表明，自我效能感与学生的评价、组织、计划、目标设置等自主学习能力呈正相关。学生的自我效能感通过目标设置、自我监控、自我评价和策略运用等自主学习过程来影响他们的学习动机。学生越觉得自己的能力强，越会选择有挑战性的学习目标。国内学者周勇、董奇（1996）研究发现，学生的自我效能感越高，其自主性也越高，而自我效能感低的学生在学习自主性方面也表现不佳。另外，自我效能感与学业成绩也呈正相关。自我效能感会影响学生的目标等级，进而直接或间接地影响学生的成绩。自我效能感是影响学生自主性学习的一个重要动机变量。（单志艳，2002）。

张庆宗（2007）归纳总结认为，自我效能感不仅影响学生的学业目标选择、付出努力、意志控制，同时影响学习策略的选择，进而影响学业成绩。外语教师的另一个重要任务应尽可能帮助学生提高其自我效能感水平，这是培养学习者自主学习能力，提高学习水平的重要手段。

二、学习资源管理策略

学习资源管理策略（resource management strategies）是辅助学生管理可用环境和资源的策略。进行学习资源管理的目的是帮助学生适应环境以及调节环境以适应自己的需要。学习资源管理策略对学生的学习动机具有非常重要的作用。学习资源管理策略包括对学习时间的管理、对学习环境的管理及寻求他人支持等。

1.学习时间管理

时间是影响学习效果的一个变量因素。但学习时间不一定与学习效果成正比。国外研究者在相关研究过程中区分了两个重要的时间概念：一个是可以利用的时间量，具体体现为教师教学时间的分配（可用时间）；另一个是实际利用的时间量（积极学习时间）。研究表明，学生在一定的可用时间内参与学习活动的积极时间越长，对提高学习成绩的贡献度就越大，即学生的积极学习时间与学习成绩之间存在正相关（王红宇，1992，转引自张大均，2003：187）。

进行有效时间管理的策略如下：①科学计划，合理安排学习时间，制订详细的学习时间安排表。②主动参与学习，提高学习效率，并做好学习情况记载，如写学习日记等。③选择难度适度的学习任务，保证学习活动的顺利完成。

2.学习环境管理

良好的学习环境可以造成一种良好的心理氛围，促使学生能以良好心境轻松愉快地投入学习活动之中。教师要创设有效的学习环境，营造民主和谐的学习氛围、搭建舞台、创设机会。在教学活动中，一个有经验的教师应该是在教学活动中尽可能留有空间，让学生去确定学习目标、选择学习方法和体验成功与失败；要创设机会，让学生去争取和把握；要创设氛围，让学生去渲染与感受；要激发激情，让学生去感受和接受（徐学福、房惠，2008）。教育学家苏霍姆林斯基说过："促进自我教育的教育才是真正的教育。"只有教师的教育与学生的自我教育协调发展，形成"共振"的时候，教育才是有效的（徐学福、房惠，2008）。要提高学习者的自主学习能力，努力创设一种民主和谐的自主学习环境则显得非常重要。自主学习不是学生自己在一个封闭环境中的埋头自学，而是需要一个轻松和谐的环境，也需要教师的指导与鼓励、学习同伴的合作与相互交流，这样师生之间、生生之间才能发生思维的碰撞，才能产生智慧的火花，才能在民主、合作、探究的氛围中提升自我。

3.寻求他人支持

资源管理策略的另一个重要成分便是寻求他人支持。在自主学习过程中，尤其在基于网络环境的大学英语自主学习中，面对海量信息及多媒体、超媒体技术，学生难免会产生学习畏难情绪，碰到困难时，甚至陷入学习困境，这时最有效的应对策略便是寻求外界的帮助和支持，如寻求教师帮助、伙伴帮助、使用学习伙伴、进行小组合作学习、获得个别指导等。自主学习并非关起门来孤立学习，而必须与他人相互切磋，相得益彰，正如《学记》有言："独学而无友，则孤陋而寡闻。"

第二节 外部监控策略

外部监控策略指教师、教学管理部门、学习同伴等外在力量对学习者的自主学习活动的适度介入、监督、评价与控制等一系列活动。主要包括：①教师角色介入；②同伴相互监控；③班主任及辅导员介入；④教学管理机构（含教学督导）介入；⑤网络技术监控。

一、教师角色介入

在基于计算机网络的外语学习环境下，教师在自主学习中的作用不是减弱而是加强了。教师可以利用各种机会，适时地引导学生探索适合自己的学习方式、主动学习、确定学习目标、制订阶段性学习计划并监控学习过程、评估学习结果。正如我国著名教育家叶圣陶老先生所说："教师之主导作用，亦在于善于引导启迪，稗学生自奋其力，自致其知，非为教师滔滔讲说，学生默默聆听。"

随着网络技术的普及与发展，大学生的学习环境面临革命性的变革，同时学生在海量的学习信息面前有时会表现得束手无策不知所措，教师进行合理的角色介入就显得尤其重要了。笔者认为教师在大学英语网络自主学习过程中应扮演以下十大角色：帮助者（facilitator）、组织者（organizer）、激发者（motivator），监控者

（monitor）、指导者（guide）、诊断者（diagnostician）、学习顾问（counselor），协调者（negotiator）、个体差异的发现者和指导者（individual difference detector），评估者（evaluator）。

1.作为帮助者

在基于网络环境的大学英语自主学习过程中，教师的帮助必不可少。学生在确定学习目标与计划时会期盼着老师的指导与帮助，使其学习目标明确，学习计划可行。同时教师还兼有资源的提供者的角色，有责任向学生推荐真实的语言学习材料和其他学习资源、有用的英语学习网站；帮助学生了解、认识整个网络自主学习系统的庞大功能以及它对于英语学习的重要性。

2.作为组织者

教师应利用网络资源和自主学习的平台，组织各种课内课外的教学活动，包括个体活动（individualactivities，如让学生同计算机中的任务进行“对话”、练习语音、快速阅读），两人活动（pairwork，如 E-mail 交流）和小组活动（groupwork，如在线论坛）。

3.作为激发者

教师可以帮助学生设立自主学习目标，建议完成目标的方式方法，经常与学生沟通，增强学生通过自主学习平台和其他手段完成学习目标的信心。实行情感教育，激发学习动机。培养学生学习英语的主动性、学习动力和学习心理优势必须培养学生学习英语的兴趣和情感。对学生倾注真挚的关爱和热情。

4.作为监控者

教师应能监控学习者学习目标与计划的制定及执行情况，要能通过多种途径随时监控学生的学习进度及学习效果（如通过网上作业上传、组织学生开展讨论、制作微课视频，通过 E-mail，QQ 及微信等方式交流），监控学生的学习质量（如严格设定每通过一个单元的学习与测试才能进入下一学习流程），监控学生自主学习时间。

5.作为指导者

教师要有计划地、系统地向学生介绍学习内容、进度、作业布置、时间安排以及教学目标，并针对不同学习内容提供不同的学习方法。在大学英语网络自主学习过程中也应为学生指明正确的自主学习方向，比如，如何在繁杂的学习资源中选择适合自己需要的；采取哪些学习策略从而将自主学习与课堂英语学习相结合。

6.作为诊断者

教师应定期对学生自主学习情况进行诊断，及时发现、排除阻碍学生下一阶段自主学习进展的障碍。借助 E-mail 等迅速、有效的渠道与学生交流、探诊问题。

7.作为顾问

当学生面临学习困难或陷入困境时，教师要能及时为学生排除学习障碍，给予有效学习建议，提供及时的帮助，鼓励学生克服困难，找到解决问题的办法。

8.作为协调者

所谓协调者，指的是教师在学生自主学习过程中应能协调可能出现的各种矛盾与问题，如学生与学生之间的矛盾、学生与教辅资源的矛盾、学生与老师之间的矛盾等。教师协调者的角色是自始至终贯穿于大学英语教学与网络自主学习整个过程的。

9.个体差异的发现者和指导者

因材施教是大学英语教学应遵循的重要原则，这就要求外语教师要注重分析学生的个体差异，了解个体不同的学习风格，实行个性化辅导。这就需要教师开展一系列监控、指导、诊断、评估等教学活动，还应定期地、有针对性地对个体学生进行跟踪调查研究、给予个别指导和鼓励。

10.作为评估者

建立科学的评价体系，依据科学评价尺度加强对学习过程和结果的评价可以有效促进教学目标的实现。作为评估者，教师对学生的网络自主学习既要进行反映学习结果的终结性评估（summative assessment），同时也要进行反映自主学习过程的形成性评估（formative assessment），将过程评估与结果评估有机结合起来。

在基于网络环境的大学英语的教学与教改实践中，大学英语教师必须更新教学理念，确立新的教育观念。新的教育观念包括新的教学观、新的课程观和新的讲授观。新的教学观，即由师生互动过渡到学生互动和人机互动，逐步确立学生在教学过程中的中心地位；新的课程观，即由师生以教材为中心过渡到学生以计算机和课件与教材的有机结合；新的讲授观，即由面面俱到的以教师唱主角的填鸭式讲授过渡到以促进学习者进行主动知识建构的、按知识结构体系来进行的讲授，实现以“导学”为主的精讲多练。在教学中充分发挥学习者的自主性、积极性和主体性，从“教”变“导”，充分发挥教师在大学英语网络自主学习过程中应扮演的十大角色功能。积极引导学生善于发现问题、解决问题，引导学生学会借助工具书、参考资料解决在学习中碰到的问题，引导学生善于运用所学的学习策略在自己的学习中灵活运用，形成知识社会所需要的更高的自学能力、技术能力。新的评价观，通过改革课程考核评价体系将注重学习过程的形成性评价与体现学习结果的终结性评价有机结合，实现了评价体系的创新。

二、同伴相互监控

同伴相互监控是自主学习外部监控的重要组成部分，也是合作学习的有效途径。同伴相互监控基本内容和方法有：①共同制订学习计划并签订互助协议；②共同约定学习内容并按计划和约定实施定时定点相互检查；③设计交互活动，如结对子活动或小组学习与讨论活动，并相互监督实施；④相互检查学习结果，并给予评价，给出学习策略调整建议；⑤在完成学习周期后，各小组成员给同伴给予真实合理的评价意见，即进行小组成员互评。

三、班主任及辅导员介入

班主任和辅导员作为大学生生活及学习管理成员的重要组成部分，与各学习者联系密切，对学习者个性特点、生活及学习习惯往往比较熟悉。因此，班主任及辅导员对大学生英语自主学习给予适当的干预往往达不到意想不到的效果。其积极干预主要表现在以下几个方面：①进行人生观和理想观教育。大学外语教育往往能搭建大学生事业起飞的平台。人性化的人生观和理想观教育会激发学生学习动机、明了外语学习在其终身教育和个人事业发展中的重要意义。②进行学习策略的引导与培训。③进行学习时间的管理，通过建立一些量化考核标准可以督促学生有效安排自己的自主学习。④对学习结果给予积极反馈，进一步激发学习者的学习热情。

四、教学管理机构介入

教学管理机构介入主要指教务管理部门通过学分制及教学督导制等方法手段对大学英语自主学习采取的一系列积极干预。首先，通过制度建立将自主学习纳入学分管理，体现学校对大学生英语自主学习的重视，从而有效保障大学英语自主学习的实效。其次，通过教学督导制加强对自主学习的监督管理。教学督导监控模块包括：理论指导、信息收集、横向协调和纵向沟通等。

五、网络技术监控

网络技术监控指大学英语教师或网络学习平台的管理员充分利用网络平台的管理功能对学习者的网络自主学习实施的实时监控，包括登录注册、上网学习的时间记载、浏览内容、练习及测试成绩评价、聊天记录、教师辅导答疑、生生、师生及人机互动情况等给予详细记载，并可形成书面报告，供教师参考，全面了解学生在基于网络平台的大学英语自主学习情况，成为形成性评价的一个重要组成部分。

结 语

在现代信息技术的发展下，基于计算机与网络技术的现代教育技术为教学模式的改进提供了新的探索方向。基于微课的教学模式将计算机辅助教学与网络平台技术结合起来，弥补了以教师讲授为主的传统教学模式的部分不足。教育部《大学英语课程教学要求》就指出，大学英语课程改革要充分利用现代信息技术，尤其是网络技术，使教与学在一定程度上可以不受时间与地点的限制，促进学生个性化的学习方法的形成与自主学习能力的发展。

本书的完成应该说是研究的开始，笔者将虚心求教，严谨治学，力求在今后的研究中，在深度、广度以及创新方面有更好的提升和突破。作为一个应用型的研究，特别要注意在实践中不断地检验、验证，再回归理论，希望笔者的研究能够对大学英语教学的理论和实践有所贡献，诚恳希望得到专家、同行的批评指正。

参考文献

[1]蔡宁.英语口语教学中翻转课堂模式的探索[J].淮阴师范学院学报，2014（9）.

[2]陈晓菲.翻转课堂教学模式的研究[D].湖北：华中师范大学，2014.

[3]马宁慈，刘昕.高校公共外语教学内容和教学方法改革与实战的研究[J].黑龙江教育学院学报，2009（10）：15.

[4]何文涛.翻转课堂及其教学实践研究[D].郑州：河南师范大学，2014.

[5]文秋芳.非英语专业大学生学习动机的内在结构[J].外语教学与研究，2002（1）.

[6]孙宏梁，春凝.大学英语互动教学研究[J].长春理工大学学报，2010（4）.

[7]姜秋霞，俞婷．教学改革背景下的大学英语教学研究：描述分析与反思[J].中国外语，2011，（4）.

[8]朱琦，魏平.大学公共英语教学改革研究与实践研究[J].科技创新导刊，2008（2）.

[9]方芳.浅谈大学英语现状[J].辽宁医学院学报，2011（2）.

[10]刘润清，戴曼纯.中国高校外语教学改革现状与发展策略研究[M].北京：外语教学与研究出版社，2004.

[11]蔡基刚.外语能力培养与我国外语政策[J].外语与外语教学，2003（5）.

[12]霍丽荣.外语教学现状及思考[J].山西科技，2007（9）.
[13]王初明.影响外语学习的两大因素与外语教学[J].外语界，2001（6）.
[14]刘艳艳.高校英语教学改革的思考[J].赤峰学院学报，2011(8).
[15]章振邦.也谈我国外语教改问题[J].外国语，2003（4）.
[16]戴曼纯，张希春.高校英语教师素质抽样调查[J].解放军外国语学报，2007（3）.
[17]Nunan，D. Second language teaching and learning [M]. Heinle & Heinle Publishers，1999.
[18] Jonson，K. An introduction to foreign language and teaching [M].北京：外语教学与研究出版社，2002.
[19]黄浦全.现代课程与教学论学程[M].北京：人民教育出版社，2006.
[20]孔德惠.英语测试学[M].长春：东北师范大学出版社，2000.
[21]赵永红.扩招后的地方性高等院校英语教学初析[J]，考试周刊，2007（1）.
[22]肖红.案例教学法探析[J].中国成人教育，2011，（16）.
[23]张宇.浅谈以国际活动为载体开展英语口语教学[J].中国科技创新导刊，2013（7）.
[24]云聪.什么是教学改革[J].当代教育论坛，2009，（12）.
[25]吴一安.走出英语教学的误区[J].外语教学与研究，2002（5）.
[26]王笃勤.大学英语自主学习能力的培养[J].外语界，2012（5）.
[27]段莉，薛志红.学习策略与大学外语教学[J].华北工学院学报（社科版），2002（1）.
[28]方文礼.外语任务型教学法纵横谈[J].外语与外语教学，2003

（9）.
[29]程晓堂.任务型语言教学[M].高校教育出版社，2004.
[30]Joy ，M. Reid.英语课堂上的学习风格[M].北京：外语教学与研究出版社，2002.
[31]于元芳.社会文化理论视角下的外语学习动机与学习成绩研究[J].中国英语教学，2009（3）.
[32]陈艳清.高校青年英语教师的教学信念及其专业发展检视[J].中国外语教育，2013（2）.
[33]岳守国.任务语言教学法：概要、理据及运用[J].外语教学与研究，2013（5）.
[34]Abraham ，H.M.马斯洛人本哲学[M].成明编译.北京：九州出版社，2011.
[35] Halliday，M.A.K. An introduction to functional grammar. 2nd [M]北京，外语教学与研究出版社，2000.
[36] John Dewey.确定性的寻求[M].傅统先译.上海：上海人民出版社，2005.
[37]Jaspers，K.什么是教育[M].邹进译.北京：生活・读书・新知三联书店，1991.
[38]Brown，H.D. Princples of language learning an teaching. 5th Revised edition[M].Pearson Education（US），2006.
[39]Richards，J.C. Reflective teaching in second language classroom [M]. Cambridge University Press，1994.
[40] Reid，J.M. Learning styles in the ESL/EFL classroom [M]. Heinle 和 HeinlePublishers 1995.
[41]张楚廷.全面发展实质即个性发展[J].北京大学教育论坛，2004

（2）.

[42]Harmer，J. How to teach English [M].Pearson Longman，2004.

[43]Henning，G. A guide to language testing [M].Newberry House Publishers，1987.

[44]Lynch，B.Language program evaluation [M]. Cambridge University Press，1996.

[45]Ellis，Red. The study of second language acquisition [M]. 上海：上海外语教育出版社，2008.

[46]Howatt，A.P.R. A history of English language teaching [M]. Oxford University Press，1985.

[47]潘炳超.“翻转课堂”对大学教学效果影响的准实验研究[J].现代教育教学.2014，（12）.

[48]皮连生.学与教的心理学[M].上海：华东师范大学出版社，2009.

[49]乔梦铎，金晓玲，王立欣. 大学英语教学现状调查分析与问题解决思路[J].中国外语，2010（5）.

[50]邵明杰.基于微视频资源的翻转课堂在实验教学中的应用研究[D].武汉：华中师范大学，2014.